企业档案工作实战知识库

百问百答

华　俊　卢秀英　邵甜甜　著

中国水利水电出版社
www.waterpub.com.cn
·北京·

内 容 提 要

本书贯彻落实习近平总书记关于档案工作的重要指示批示精神,紧密围绕风力发电企业档案管理工作实际,采用一问一答的方式,对"企业档案管理知识"和《风力发电企业科技文件归档与整理规范》(NB/T 31021—2024)进行深度解读和剖析,深入浅出、清晰易懂。

本书分为两篇。上篇根据国家法律法规、行业标准规范等,对企业档案工作体制机制建设、制度建设、设施设备配备、基础业务开展、档案信息化建设等方面出现的常见问题进行了解析。该篇以风电档案管理工作为切入点,内容也适用于其他企业各类档案管理与实务。下篇主要以《风力发电企业科技文件归档与整理规范》(NB/T 31021—2024)为基础,对该标准核心内容进行解析并基于标准内容予以扩展和延伸,同时对归档和整理工作中的常见问题以案例形式进行实操讲解。为帮助读者理解与学习,将《企业管理类文件材料归档范围及档案保管期限划分(0—5 大类)》《风力发电企业科技文件归档与整理规范》(NB/T 31021—2024)作为附录,供读者参照和查阅。

图书在版编目(CIP)数据

企业档案工作实战知识库百问百答 / 华俊,卢秀英,邵甜甜著. -- 北京 : 中国水利水电出版社,2024. 11.
ISBN 978-7-5226-2835-6

Ⅰ. G275.9-44

中国国家版本馆 CIP 数据核字第 20242E1R41 号

责任编辑:杨元泓   加工编辑:王开云   封面设计:苏 敏

书 名	企业档案工作实战知识库百问百答 QIYE DANG'AN GONGZUO SHIZHAN ZHISHIKU BAI WEN BAI DA
作 者	华 俊 卢秀英 邵甜甜 著
出版发行	中国水利水电出版社 (北京市海淀区玉渊潭南路 1 号 D 座 100038) 网址:www.waterpub.com.cn E-mail:mchannel@263.net(答疑) sales@mwr.gov.cn 电话:(010)68545888(营销中心)、82562819(组稿)
经 售	北京科水图书销售有限公司 电话:(010)68545874、63202643 全国各地新华书店和相关出版物销售网点
排 版	北京万水电子信息有限公司
印 刷	三河市德贤弘印务有限公司
规 格	184mm×260mm 16 开本 17.25 印张 242 千字
版 次	2024 年 11 月第 1 版 2024 年 11 月第 1 次印刷
印 数	0001—3000 册
定 价	158.00 元

凡购买我社图书,如有缺页、倒页、脱页的,本社营销中心负责调换

前　言

近年来，在国家绿色可持续发展等政策的大力支持下，中国能源结构发生了重大调整，电力行业脱碳将是"碳达峰""碳中和"的胜负手，以新能源为主的新型电力系统应运而生，新能源项目建设规模不断壮大，未来 40 年预计光伏、风电等新能源占比将提升至 70%以上。风电作为新型电力系统的主力军，与一般大型建设项目类似，但同时存在建设周期短、组织架构及定员按区域核定、集控运营中心等智慧化程度较高等特点，对复合型档案人才、电子数据收集等提出更高要求，给风电档案工作带来一定困难与压力。

本书紧密围绕以上企业档案管理及风电档案工作实际难点，以近 200 个问题进行呈现，通过一问一答的方式进行详细剖析与解读。本书具有以下特点：

一是贯彻落实批示精神。深入学习贯彻习近平总书记关于档案工作的重要指示批示精神，牢记"为党管档、为国守史、为民服务"的神圣职责，是档案工作者的政治责任和历史责任，也是档案工作者的初心和使命。

二是内容全面、实用性强。本书上篇涵盖企业档案工作体制机制、制度体系、设施设备、基础业务、档案信息化等全方位内容，下篇涵盖风电科技档案全生命周期工作要点与难点，手把手指导风电科技档案管理相关工作，对其他类型科技档案管理工作也有很好的借鉴作用。

三是填补空白、受众性广。能源结构改革给档案工作带来了前所未有的机遇和挑战，尤其《风力发电企业科技文件归档与整理规范》(NB/T 31021—2024)发布以来，企业档案管理及风电科技档案工作遇到了一些问题与瓶颈，缺乏实操型指导书籍，本书将填补这一空白。本书作者结合多年实践经验，对档案管理和业务工作的方式方法以案例形式给出了意见和建议，有助于提升企业档案工作者及风电项目各参建方的档案管理和工作能力，为企业高质量发展提供有力支撑和保障。

本书在编撰过程中，国家电投集团相关领导给予悉心指导，国家电投内蒙古公司和中国电力系统有关人员给予大力支持，在此，一并致以诚挚的敬意和衷心的感谢！本书如有疏漏，敬请广大读者批评指正。

作　者

2024 年 6 月

目　录

前言

上篇　企业档案管理知识

第一章　概述 2

    1. 什么是企业档案工作？ 2

    2. 企业档案工作的总体要求是什么？ 2

第二章　术语和定义 3

    3. 如何判断原件和复制件？ 3

    4. 正本与副本有何区别？ 3

    5. 关键词和主题词有何区别？ 3

    6. 项目文件与项目档案有何异同？ 3

    7. 如何理解项目文件归档和项目档案移交？ 4

    8. 电子文件管理系统和电子档案管理系统有何异同？ 4

    9. 什么是全宗和全宗卷？ 4

第三章　档案管理体制机制建设 5

  第一节　组织领导 5

    10. 什么是档案工作协同机制？为什么要建立协同机制？如何建立协同机制？ 5

    11. 如何明确档案工作各级分管领导及其职责？ 6

    12. 档案工作的"三纳入"是什么？为什么采用"三纳入"管理措施？ 6

    13. 档案工作的"四参加"是什么？为什么档案人员要"四参加"？ 6

    14. 档案工作的"四同步"是什么？为什么要提出"四同步"？ 7

  第二节　机构人员 7

    15. 档案机构如何设置？职责是什么？ 7

16. 如何进行档案人员的配备？档案人员应具备什么素质？.................................8

17. 如何建立档案工作网络？.................................8

   第三节   基本机制.................................9

18. 企业档案工作原则和管理体制是什么？.................................9

19. 企业档案工作的保证体系和监督体系分别是什么？.................................9

   第四节   经费保障.................................10

20. 档案的业务经费主要有哪些？.................................10

第四章   档案制度建设.................................11

21. 如何建立档案制度体系？它主要包括哪些内容？.................................11

22. "文件材料归档范围和保管期限表"编制步骤是什么？是否需要报上级单位审核？..........12

23. 编制"文件材料归档范围和保管期限表"需要注意哪些问题？.................................12

24. 企业档案工作常用国家法律、行政法规、部门规章、规范性文件、行业标准有哪些？..........13

第五章   档案设施设备配备.................................18

   第一节   档案用房.................................18

25. 企业的档案用房主要有哪些？如何设置？.................................18

26. 档案整理用房的面积宜为多少？档案阅览用房的面积宜为多少？..........18

27. 如何测算出档案库房使用面积能否满足需要？.................................19

28. 档案库房的"九防"是什么？.................................19

29. 库房选址应注意什么？.................................19

30. 档案库房的楼面荷载标准是什么？.................................19

31. 建设档案馆（室）建筑应符合哪个国家标准？.................................19

   第二节   档案设施设备配备.................................19

32. 档案工作必备的设施设备有哪些？有哪些要求？.................................19

33. 常用的档案装具有哪些？各类档案盒的标准要求是什么？..........20

34. 档案库房温湿度宜保持多少？.................................21

35. 档案的温湿度监测调控装置主要有哪些？.................................21

36. 档案库房的消防设施设备如何配备？.................................21

37. 档案库房的安防设施设备如何配备？.................................22

38. 什么样的库房才能算是智能库房？.................................22

第六章 档案基础业务开展 23

　第一节 一般要求 23

　　39. 企业档案主要门类有哪些？..23

　　40. 如何编制企业档案分类方案？..23

　　41. 为什么要区分全宗？如何区分全宗？....................................24

　　42. 当立档单位发生变化时，全宗是否也要发生相应变化？..................24

　　43. 如何整理全宗卷？..25

　　44. 如何编写全宗指南？..28

　　45. 档案工作允许外包吗？..29

　　46. 档案服务外包需要注意的问题有哪些？..................................29

　第二节 形成与收集 30

　　47. 对归档文件材料的要求是什么？..30

　　48. 什么是部门立卷？为什么要部门立卷？..................................31

　第三节 整理与归档 31

　　49. 归档文件整理的基本原则是什么？..31

　　50. 什么是机构分类法、问题分类法？如何选用？............................31

　　51. 文书档案分类方法和档号编制规则是什么？..............................32

　　52. 档号编制中，机构代码是不是只能用字符表示？件号是不是只能是 4 位数字？...33

　　53. 科技档案分类方法和档号编制规则是什么？..............................33

　　54. 会计档案分类方法和档号编制规则是什么？..............................34

　　55. 音像档案分类方法和档号编制规则是什么？..............................35

　　56. 实物档案分类方法和档号编制规则是什么？..............................36

　　57. 档案目录包括哪几种类型？由哪些要素构成？............................37

　　58. 各类文件材料宜什么时间归档？交接手续如何办理？....................37

　　59. 为什么同一类文件材料有时归文书档案，有时归科技档案？..............38

　　60. 归档文件材料无题名或题名不完整、归档文件材料无日期或日期不完整，如何

　　　　进行档案著录？..38

　　61. 照片的题名、文字说明如何填写？有什么区别？..........................38

62. 什么是全宗号？是不是所有项目文件的档案号都必须加上全宗号？ 39

第四节　档案保管保护 39

63. 档案在档案柜、档案架中如何排架？ 39

64. 档案保管记录宜有哪些？档案保管检查如何开展？ 40

65. 如何编制档案工作突发事件应急预案？ 40

第五节　档案鉴定销毁 41

66. 档案鉴定工作如何开展？ 41

67. 档案销毁工作如何开展？ 42

第六节　档案开发与利用 42

68. 如何开展企业档案利用工作？ 42

69. 企业的基础编研工作有哪些？ 42

70. 什么叫大事记？大事记的内容由哪两部分组成？ 43

71. 什么叫组织沿革？组织沿革的内容必须具备哪五个要素？ 43

第七节　档案统计与移交 43

72. 档案统计工作有哪些内容？ 43

73. 哪些情况下，企业档案需要移交进馆？ 44

第七章　档案信息化建设 45

74. 企业档案信息化建设应配备哪些设施？ 45

75. 传统载体档案数字化工作主要要求有哪些？ 46

76. 电子文件长期保存的载体有哪些？ 46

77. 什么是电子档案的异质备份？以磁带为存储介质的电子档案备份为光盘，算异质
　　备份吗？ 46

78. 什么是实物档案数字化？实物档案数字化有哪些方式？ 47

79. 对存储数码照片档案的磁性载体和光盘多长时间抽检一次？抽样率多少？ 47

80. 对存储在磁性载体上的数码照片档案多长时间转存一次？ 47

81. 如何做好电子档案信息安全管理？ 47

82. 什么是电子档案单套管理？具备什么条件才能实行电子档案单套管理？ 48

下篇　《风力发电企业科技文件归档与整理规范》
（NB/T 31021—2024）解读与实施

第一章　概述 50

第一节　标准修订背景和修订内容 50

　1. 为什么对 NB/T 31021—2012 标准进行修订？ 50

　2. NB/T 31021—2012 标准修订过程是怎样的？ 51

　3. NB/T 31021—2024 标准结构内容与原标准相比有哪些变化？ 52

　4. NB/T 31021—2024 标准分类体系修订原则是什么？ 做了哪些调整？ 54

第二节　标准内容和适用范围 59

　5. 标准规定了哪些内容？ 实施对象有哪些？ 59

　6. 本标准是否适用于海上风电科技文件归档与整理工作？ 59

　7. 本标准在实施过程中与其他标准规定存在差异怎么办？ 60

第二章　术语和定义 61

　8. 科技档案与项目档案有何异同？ 61

　9. 怎么理解电子文件和电子档案的定义？ 62

　10. 什么是元数据？ 数据内容主要包括哪些？ 63

第三章　总体要求 64

　11. 如何做到科技档案工作与项目建设统筹规划，同步实施？ 64

　12. 建设单位依据什么编制项目档案管理制度？ 应包括哪些内容？ 65

　13. 参建单位编制项目档案管理实施细则应包括哪些内容？ 编制时应注意什么问题？ 66

　14. 编制工程用表及工程表编码规则应注意哪些问题？ 67

　15. 为什么标准已有风力发电企业科技文件归档范围，仍要求风力发电企业编制科技
　　　文件归档范围？ 编制过程应注意哪些问题？ 67

　16. 档案验收应具备哪些条件？ 69

　17. 项目档案验收由谁组织？ 验收程序是怎样的？ 69

　18. 项目档案验收首次会议需要哪些单位汇报？ 汇报材料应包括哪些内容？ 70

第四章　科技文件归档 75

　　第一节　归档职责 75

　　　19. 如何明确风力发电企业各职能部门归档职责？ 75

　　　20. 建设单位工程管理部门在项目建设过程中应履行哪些档案工作职责？ 76

　　　21. 建设单位档案部门在项目建设过程中应履行哪些档案工作职责？ 76

　　　22. 建设单位档案交底内容与交底对象有哪些？ 77

　　　23. 建设项目设计单位应履行哪些档案工作职责？ 77

　　　24. 建设项目监理单位应履行哪些档案工作职责？ 78

　　　25. 建设项目总承包单位应履行哪些档案工作职责？ 78

　　　26. 建设项目施工单位应履行哪些档案工作职责？ 79

　　　27. 建设项目调试单位应履行哪些档案工作职责？ 79

　　第二节　归档范围、时间、份数 80

　　　28. 建设项目工期较长，项目文件可否按阶段归档？ 80

　　　29. 科技文件归档份数和保管单位如何确定？ 80

第五章　归档文件质量 81

　　第一节　基本要求 81

　　　30. 如何理解科技文件齐全完整、准确规范、真实有效的内容和含义？ 81

　　　31. 科技文件对签字、盖章有什么要求？ 82

　　　32. 科技文件的记录载体和方式有哪些要求？ 82

　　　33. 科技文件是复制件怎么办？ 83

　　　34. 归档科技文件没有规范参考表式怎么办？ 84

　　　35. 哪些科技文件需要闭环管理？ 84

　　第二节　特定文件表式及内容规定 85

　　　36. 法定代表人授权书和工程质量终身承诺书采用什么表式？ 85

　　　37. 原材料跟踪台账应体现哪些内容？ 86

　　　38. 如何编制设计更改执行情况登记表？ 86

　　　39. 如何编制施工现场质量管理检查记录？编制过程需注意哪些问题？ 87

　　　40. 预拌混凝土发货单应主要包括哪些内容？ 88

　　　41. 预拌混凝土出厂合格证应主要包括哪些内容？ 89

42. 大体积混凝土测温报告应包括哪些内容？ 90

第三节　特定文件用章要求 90

43. 哪些报审文件需要加盖总监理工程师执业印章？ 90

44. 工程监理规划应盖监理项目部公章还是监理单位公章？ 93

45. 工程施工组织设计应盖编制单位项目部公章还是单位公章？ 93

46. 危险性较大工程专项施工方案应盖施工单位项目部公章还是单位公章？ ... 93

47. 竣工图章、竣工图审核章的使用有什么规定？ 93

第四节　特定文件的编写要求 95

48. 编制项目部成立文件和项目部印章启用文件应满足哪些要求？ 95

49. 编制工程质量验收范围划分表有哪些要求？项目划分表编制说明应包括哪些内容？ ... 96

50. 项目文件中项目名称应该怎么填写？ 96

51. 编制材料、结构实体检测报告和设备交接试验报告应满足哪些要求？ ... 97

52. 编制质量证明文件有哪些要求？ 97

53. 编制项目检验批工程质量验收记录有哪些要求？ 98

54. 竣工图审核报告应包括哪些内容？ 100

55. 监理工程质量评估报告包括哪些内容？ 100

56. 监理工作总结应包括哪些内容？ 101

57. 竣工图编制总说明应包括哪些内容？ 101

第六章　科技文件的整理 103

第一节　科技文件的收集 103

58. 收集项目核准、可研、评价类管理文件应注意哪些问题？ 103

59. 收集建设用地文件应注意哪些问题？ 104

60. 收集招投标文件需注意哪些问题？ 104

61. 收集预拌混凝土质量证明文件需注意哪些问题？ 105

62. 收集危险性较大工程文件需注意哪些问题？ 106

63. 收集设备文件需注意哪些问题？ 106

64. 建设单位需要收集施工单位在项目建设期间形成的安全巡视记录、安全班会记录吗？ ... 107

第二节　科技文件的分类 107

65. 如何灵活使用本标准中的分类表？ 107

66. 技改项目文件是否应该完全按照分类表进行分类整理？....................108

67. 风机多区域分布的项目文件怎么分类方便管理？....................109

68. 海上风电项目升压站工程文件分类可否将三级类目扩展到四级类目使用？....................109

69. 建设项目（8大类）和设备仪器（9大类）档号中目录号怎么编写？....................110

第三节 科技文件的组卷和卷内文件排列....................111

70. 前期文件如何组卷？卷内文件如何排列？....................111

71. 施工质量验收记录、施工记录、试验报告如何组卷？卷内文件如何排列？....................112

72. 预拌混凝土质量证明文件如何组卷？卷内文件如何排列？....................113

73. 钢筋原材料质量证明文件如何组卷？卷内文件如何排列？....................115

74. 工程竣工验收文件如何组卷？卷内文件如何排列？....................115

75. 设备文件如何组卷？卷内文件如何排列？....................116

76. 施工图、竣工图如何组卷？卷内文件如何排列？....................117

第四节 编目....................118

77. 档号章的作用是什么？怎么填写？....................118

78. 编制卷内目录应注意哪些问题？....................119

79. 按"卷"装订和按"件"装订的案卷卷内目录"页数/页号"怎么填写？....................120

80. 施工图、竣工图自带册内文件目录，是否需要编制卷内目录？如何编制？....................121

81. 采用档案管理系统进行档案管理的企业，是否需要编制纸版科技档案案卷目录？....................122

82. 拟写案卷题名应注意哪些问题？应该怎么拟写？....................122

83. 卷内备考表怎么填写？....................123

84. 案卷脊背怎么填写？....................124

第五节 特殊问题的处理....................125

85. 业务系统直接形成的科技文件是否可以执行电子档案单套管理？....................125

86. 科技创新形成的科技文件归档应注意什么？....................125

87. 科技文件整理组卷时共用文件怎么处理？....................125

88. 卷内文件排列顺序是否可以按照本标准附录B 《风力发电企业科技文件归档范围及保管期限划分》中主要归档文件排列顺序排列？....................126

89. 多个施工单位共同分包一个单位工程形成的质量验收记录如何整理组卷？....................127

90. 归档案卷需要区分正副本吗？怎么标识？....................127

91. 项目档案管理卷包括哪些内容？由谁负责编制？ 128

第七章 照片、实物档案与电子文件归档与整理 129

　第一节 照片档案的归档与整理 129

　　92. 一个事件或一个工程部位的照片应归档几张？归档的照片如何选择？ 129

　　93. 项目监理单位和施工单位归档照片内容有什么区别？ 129

　　94. 编制照片档号需要注意什么？ 130

　　95. 册内照片说明应包括哪些内容？照片文字说明如何拟写？ 130

　　96. 保管照片档案的温湿度要求是多少？对照片档案的检查多长时间开展一次？ 131

　　97. 数码照片是否需要打印相纸照片归档？ 131

　第二节 实物档案的归档与整理 132

　　98. 什么是岩心？什么是岩心档案？岩心标牌应包括哪些内容？ 132

　第三节 电子文件的归档与整理 132

　　99. 电子文件元数据的归档范围是什么？ 132

　　100. 电子文件元数据归档格式有哪些要求？ 133

第八章 档案移交 134

　　101. 生产期科技文件归档交接登记表谁负责编制？归档应履行哪些流程？ 134

　　102. 项目档案移交建设单位时各方审核责任和归档流程分别是什么？ 134

附录 A 企业管理类文件材料归档范围及档案保管期限划分（0—5 大类） 136

附录 B 风力发电企业科技文件归档与整理规范 153

上篇

企业档案管理知识

第一章　概述

第二章　术语和定义

第三章　档案管理体制机制建设

第四章　档案制度建设

第五章　档案设施设备配备

第六章　档案基础业务开展

第七章　档案信息化建设

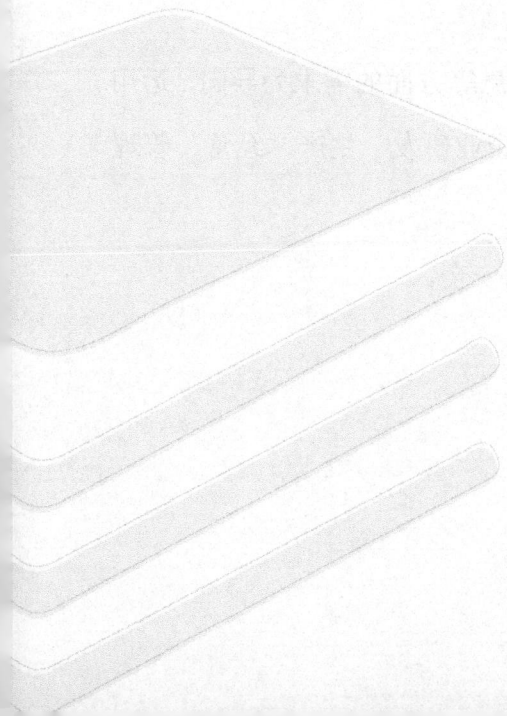

第一章

概 述

1. 什么是企业档案工作？

答： 企业档案工作是履行档案管理职责的行为和活动，是企业不可缺少的基础性、支撑性工作。

2. 企业档案工作的总体要求是什么？

答： 企业档案工作总体要求有以下几方面：

（1）企业档案工作应以资产关系为纽带，实行统一领导、统一管理、统一制度、统一标准。

（2）以满足企业各项活动在证据、责任和信息等方面的需求为导向，运用现代技术与管理方法，通过资源整合和开发，为企业研发、生产、经营、管理和持续发展提供有效服务。

（3）企业应维护档案的完整、准确、系统和安全。

第二章

术语和定义

3. 如何判断原件和复制件?

答：原件是最初产生的区别于复制件的原始文件。复制件是与原件内容相同的复制品。

是不是最初产生的，是判断是否为原件的重要标志。

4. 正本与副本有何区别?

答：正本是有规范格式和生效标志的正式文本。副本是再现正本内容和形式特征的复本，备存查和通知有关方面之用。

因此正、副本在内容和形式上是一样的，只是作用不同。

5. 关键词和主题词有何区别?

答：关键词是在标引和检索过程中，取自文件、案卷题名或正文用以表达文献主题并具有检索意义的非规范化的词或词组。主题词是在标引和检索中用以表达文献主题的规范化的词或词组。

因此区别在于前者是非规范化的词或词组，后者是规范化的词或词组。

6. 项目文件与项目档案有何异同?

答：项目文件是在项目建设全过程中形成的文字、图表、音像、实物等形式的文件材料。项目档案是经过鉴定、整理并归档保存的项目文件。

相同的是两者都是文件的一种形式；不同的是项目档案是经过鉴定、整理并归档保存的文件，二者是同一个事物的两个不同发展阶段。

7. 如何理解项目文件归档和项目档案移交？

答： 项目文件归档是建设单位工程管理相关部门及参建单位将办理完毕且具有保存价值的项目文件系统整理后交档案部门保存的过程。项目档案移交是根据合同、协议或规定，各参建单位将项目档案移交建设单位档案管理部门以及建设单位将有关项目档案交运行管理单位、项目主管部门等的过程。

前者更侧重同一单位内的文件材料归档工作，后者更侧重不同单位之间的文件材料归档工作。

8. 电子文件管理系统和电子档案管理系统有何异同？

答： 电子文件管理系统是用于形成、处理和维护电子文件的计算机信息系统。电子档案管理系统是对电子文件、电子档案进行捕获、维护、利用和处置的计算机信息系统。

电子文件管理系统是业务系统的一个子系统。电子档案管理系统更注重对电子档案的管理，它通过维护元数据及电子档案之间的联系，支持电子档案作为证据的价值。

9. 什么是全宗和全宗卷？

答： 全宗是一个国家机构、社会组织或个人形成的具有有机联系的档案整体。全宗卷由记录和说明全宗立档单位及档案历史和现状的有关文件材料组成的专门案卷，是管理全宗档案的重要工具。

第三章
档案管理体制机制建设

第一节　组织领导

10. 什么是档案工作协同机制？为什么要建立协同机制？如何建立协同机制？

答：档案工作协同机制是以档案工作"全过程控制、全员参与"为基本原则，建立公司分管领导引领、档案管理部门监督、企业业务（职能）部门保障的上下贯通、协同联动、互融互促的工作机制，是确保档案齐全、完整、准确、系统、安全的必要途径。

档案是企业管理活动的记录，档案管理工作与其他管理活动或工作一样，需要全员参与、全员责任，其结果的好坏是全体参与人员共同决定的。建立上下贯通、协同联动、互融互促的工作机制是做好档案工作的必要保障。

建立档案工作协同机制，主要从以下几方面入手：

（1）建立健全档案工作组织体系。建立档案工作网络，明确企业档案工作分管领导，成立档案管理部门，配备专兼职档案人员；设立由企业档案工作分管领导、档案管理部门及其相关业务（职能）部门负责人、专兼职档案人员组成的档案工作领导小组及工作小组，并明确工作职责。

（2）建立健全制度体系。建立健全档案管理工作制度（包括各职能部门档案履职考核制度），制订档案工作规划和计划，形成档案工作汇报机制。

（3）建立健全双体系机制。明确企业业务（职能）部门保证体系、档案管理部门监督体系职责，统一思想、提高认识，发挥双体系作用，共同确保档案齐全、完整、准确、系统、安全。

11. 如何明确档案工作各级分管领导及其职责？

答： 企业中，一般以正式公文发布的企业领导班子分工文件或会议记录（或纪要）来明确档案工作各级分管领导及其职责。也可以在发布成立档案领导小组的通知中，明确档案工作各级分管领导及其职责。

12. 档案工作的"三纳入"是什么？为什么采用"三纳入"管理措施？

答： "三纳入"是指档案工作应纳入领导工作议事日程；纳入企业规章制度及工作流程；纳入企业部门和有关人员的经济责任制或岗位责任制。

企业档案是企业各项业务和活动的记录，与企业各项业务和活动有着天然的密切联系，同时又服务于企业的各项业务活动，采用"三纳入"管理措施，有利于明确档案管理职责和管理界面，有利于档案工作分管领导、档案管理部门与企业各业务（职能）部门协同做好企业档案工作，有利于企业的规范化管理。

13. 档案工作的"四参加"是什么？为什么档案人员要"四参加"？

答： "四参加"是指档案人员应参加产品鉴定；参加科研课题成果审定；参加建设项目和科研项目验收；参加设备的开箱验收等活动，负责检查应归档文件的完整性、系统性。

"四参加"是科技档案工作的经验总结，是一种行之有效的管理措施。根据个人理解的不同，提法也略有不同，有的叫"三参加"，但核心内容是基本相同的。产品鉴定、成果审定、项目验收、设备开箱验收等都是相关工作的阶段性、结论性活动，如果这些活动的文件不能得到及时归档，后补会非常困难。企业档案人员参加相关活动，可以深入了解在这些工作中产生哪些需要归档的文件，并提出文件材料齐全性、完整性和准确性相关要求，更好地发挥监督作用。

14. 档案工作的"四同步"是什么？为什么要提出"四同步"？

答： "四同步"是指企业下达项目计划任务与提出项目文件归档要求同步；检查项目计划进度与检查项目文件积累情况同步；验收、鉴定项目成果与验收、鉴定项目文件归档情况同步；项目总结与项目文件归档交接同步。

"四同步"也是科技档案工作的经验总结，是一种行之有效的全过程文档管理措施。根据个人理解的不同，提法也略有不同，有的叫"四同时"，但核心内容是基本相同的。这些管理措施，一是强调了企业各项活动开展过程中，同步进行档案的收集、整理、归档工作，确保档案的完整性和准确性；二是将档案管理与企业的日常活动紧密结合，通过同步收集和整理档案信息，使得档案信息能够及时、有效地服务于企业各项管理活动，促进信息共享、提升管理效率、辅助决策支持。

第二节 机 构 人 员

15. 档案机构如何设置？职责是什么？

答： 企业宜根据企业规模和档案工作实际需要设定档案部门，可以设定具有独立职能的档案机构〔如文档管理部、档案馆、档案中心（室）等〕或指定企业某个部门（一般是办公室或综合部）负责档案管理工作等，行使对企业档案工作的监督、指导、检查职能。大型企业宜设立具有独立职能的档案机构。

档案机构根据企业的层级及管理范围，职责上也有所不同。主要职责有：贯彻执行党和国家有关档案工作的方针、政策、法律法规等，建立健全本企业档案工作管理制度；编制档案工作发展规划和计划，统一部署、组织实施；对企业各部门及所属单位档案工作进行监督、检查和指导；负责本企业档案信息的开发和利用及对外公布工作；负责本企业档案统计报表编制及汇总上报；组织企业建设项目档案验收；组织或参加档案科研、档案保护、档案宣传及档案人员的教育培训；管理本企业各门类档案等。

16. 如何进行档案人员的配备？档案人员应具备什么素质？

答：档案部门应配备与其工作量相匹配的专职档案工作人员，且档案人员为正式在编人员，政治可靠、遵纪守法、忠于职守，具备胜任岗位要求的工作能力。同时配备适当数量的兼职档案工作人员，便于工作的开展。

档案人员，尤其是企业档案部门负责人应具有档案专业技术职称、大学专科以上学历或同等学识水平，并定期接受档案业务培训和继续教育。从事文书和人事档案管理工作的人员，宜为党员。

17. 如何建立档案工作网络？

答：档案工作网络一般由档案工作领导体系和档案管理工作体系构成，主要体现在档案领导小组及档案工作小组的人员构成。分管档案工作的企业领导及各部门主要负责人组成档案工作领导小组，形成档案工作领导体系；以企业档案管理部门为核心，企业专职档案人员及企业各部门兼职档案人员组成档案工作小组，形成档案管理工作体系。

企业各部门兼职档案人员一般由企业各部门指定，负责收集整理本部门形成的文件材料并归档。成立档案领导小组和工作小组的同时，应明确档案工作网络各环节工作职责，以方便开展工作。

第三节　基本机制

18. 企业档案工作原则和管理体制是什么？

答：依据《中华人民共和国档案法》等相关法律法规，企业档案工作原则，即：统一领导、分级管理。

档案工作管理体制，即：企业档案工作应以企业资产关系为纽带，实行统一领导、统一管理、统一制度、统一标准。

企业资产管理到哪里，档案管理就延伸到哪里。各企业都要接受档案行政管理部门和上级档案管理部门的监督、检查和指导。

19. 企业档案工作的保证体系和监督体系分别是什么？

答：企业档案工作的保证体系是指将三纳入、前端控制等一些档案保障措施拟定在先，贯穿于企业业务（职能）部门的日常管理工作中，确保每个岗位在实际工作中，均明确应产生哪些文件、哪些文件应该归档，促使每项工作、每个岗位人员时时处处落实好文件材料形成、收集的保证措施，以此保证档案的完整性、准确性。主要包括组织保障、制度保障、经费保障、设备设施保障以及档案工作保障体系的执行情况。

企业档案工作监督体系是指企业档案管理部门通过监督、指导、检查等措施，对企业文件材料形成、收集、归档等工作进行可持续的改进，同时通过档案整理、保管等工作，确保档案的系统性、规范性和安全性。主要包括建立和完善监督机制，对企业各业务（职能）部门及下属单位档案工作开展情况进行监督。

企业档案工作的保证体系和监督体系是档案工作的两块基石，保证体系起到内因的作用，监督体系起到外因的作用，两个体系各自发力，将档案的完整性、准确性、系统性、规范性和安全性有效地组合在一起，既相对独立、各负其责，又相互监督、相互促进，以监督促保证，形成合力，使得档案管理的整体功能得以充分发挥。

第四节 经 费 保 障

20. 档案的业务经费主要有哪些?

答： 档案的业务经费主要包括以下几个部分：档案工作所需的基础设施配备和维护经费、档案日常管理工作经费、档案信息化建设经费、档案宣传经费、档案培训经费等，应列入企业年度预算。

第四章

档案制度建设

21. 如何建立档案制度体系？它主要包括哪些内容？

答： 根据《企业档案工作规范》等相关标准的规定和要求，企业档案工作制度体系，主要由档案工作规章、档案业务管理制度、档案业务标准规范三部分构成。

工作规章，主要是明确企业各项业务活动中的档案工作原则及管理体系、档案工作责任、责任追究等，一般需要发布，使企业各业务（职能）部门知悉并共同遵守，如企业档案管理制度、档案工作突发事件应急预案等。

业务管理制度，主要是明确企业档案管理某方面工作的具体要求和做法，可以在特定范围内发布，使企业相关人员知悉并遵守。主要有保管制度、鉴定销毁制度、统计制度、利用制度、保密制度、电子档案管理制度、档案管理系统操作制度等。

业务标准规范，主要指根据国家或行业相关规范，编制供专兼职档案人员使用的一些文件，如档案整理规范、档案分类方案、文件材料归档范围和保管期限表等。

22. "文件材料归档范围和保管期限表"编制步骤是什么？是否需要报上级单位审核？

答：编制"文件材料归档范围和保管期限表"主要分三个步骤：

一是按国家档案局 10 号令要求，档案管理部门牵头，企业业务（职能）部门根据部门职能职责、业务流程等实际情况，梳理并提出本部门"企业文件材料归档范围和保管期限表"建议，档案管理部门汇总并拟制初稿。

二是将"企业文件材料归档范围和保管期限表"初稿发企业各业务（职能）部门征求意见，履行企业内部决策或签报程序。

三是中央管理的企业（包括国务院国有资产监督管理委员会监管中央企业、金融企业、中央所属文化企业等）总部的文件材料归档范围和管理类档案保管期限表，报国家档案局同意后执行；地方国有企业总部编制的文件材料归档范围和管理类档案保管期限表，报同级档案行政管理部门同意后执行；所属单位报上级档案管理部门审核后执行。

央企、国企下属单位的文件材料归档范围和档案保管期限表应报上级单位审核后执行。其他类型企业可参照执行。

23. 编制"文件材料归档范围和保管期限表"需要注意哪些问题？

答：编制"文件材料归档范围和保管期限表"需要注意以下几方面：

（1）格式要求。分类方案不同，"文件材料归档范围和保管期限表"格式略有不同。

按机构分类的企业，编制"文件材料归档范围和保管期限表"时，可直接参照国家档案局 10 号令上所列格式和体例，在每个机构下，按机构形成文件列出归档文件材料名称及保管期限。

按问题分类的企业，编制"文件材料归档范围和保管期限表"时，可参考国家档案局 10 号令所列格式和体例，增加分类表、归档责任部门等内容，形成

"文件材料归档范围、保管期限和分类表"（示例详见本书附录 A），方便使用。

（2）内容要求。一方面企业编制文件材料归档范围和保管期限表应包括本企业室存全部门类的档案，如文件档案、科技档案、会计档案、音像档案、实物档案等；另一方面应对"重要的""一般的"进行细化，尽可能采用量化词或具体内容来代替"重要的""一般的"。例如，用"年度工作总结"替代"重要的工作总结"、用"季度工作总结"替代"一般的工作总结"。

（3）规范要求。文书、科技、音像、实物等各门类档案收集范围符合《归档文件整理规则》（DA/T 22）、《建设项目档案管理规范》（DA/T 28）、《国家电子政务工程建设项目档案管理暂行办法》（档发〔2008〕3 号）、《照片档案管理规范》（GB/T 11821）、《数码照片归档与管理规范》（DA/T 50）、《录音录像档案管理规范》（DA/T 78）、《风力发电企业科技文件归档与整理规范》（NB/T 31021）等规定。

24. 企业档案工作常用国家法律、行政法规、部门规章、规范性文件、行业标准有哪些?

答：（一）国家法律

（1）《中华人民共和国档案法》（中华人民共和国主席令第 47 号）

（二）行政法规

（2）《中华人民共和国档案法实施条例》（中华人民共和国国务院令第 772 号）

（3）《科学技术档案工作条例》（1980 年 12 月 9 日国务院批准）

（三）部门规章

（4）《企业档案管理规定》（国家档案局令第 21 号）

（5）《国有企业资产与产权变动档案处置办法》（国家档案局令第 17 号）

（6）《科学技术研究档案管理规定》（国家档案局令第 15 号）

（7）《电子公文归档管理暂行办法》（国家档案局令第 6 号发布，第 14 号令修改）

（8）《机关档案管理规定》（国家档案局令第 13 号）

（9）《企业文件材料归档范围和档案保管期限规定》（国家档案局令第 10 号）

（10）《会计档案管理办法》（财政部国家档案局第 79 号令）

（四）规范性文件

（11）《企业境外档案管理办法》（档发〔2018〕13 号）

（12）《企业数字档案馆（室）建设指南》（档办发〔2017〕2 号）

（13）《建设项目电子文件归档和电子档案管理暂行办法》（档发〔2016〕11 号）

（14）《关于进一步加强中央企业档案工作的意见》（档发〔2009〕6 号）

（15）《重大建设项目档案验收办法》（档发〔2006〕2 号）

（16）《工业企业档案分类试行规则》（国档发〔1991〕20 号）

（17）《电子档案移交与接收办法》（档发〔2012〕7 号）

（18）《档案检查工作办法》（档发〔2020〕5 号）

（五）档案工作相关行业标准

（19）《技术制图 复制图的折叠方法》（GB/T 10609.3）

（20）《照片档案管理规范》（GB/T 11821）

（21）《科学技术档案案卷构成的一般要求》（GB/T 11822）

（22）《技术制图 图纸幅面和格式》（GB/T 14689）

（23）《电子文件归档与电子档案管理规范》（GB/T 18894）

（24）《风力发电机组 验收规范》（GB/T 20319）

（25）《风力发电场项目建设工程验收规程》（GB/T 31997）

（26）《海上风电场运行维护规程》（GB/T 32128）

（27）《建设工程监理规范》（GB/T 50319）

（28）《建设工程文件归档规范（2019 年版）》（GB/T 50328）

（29）《海上风力发电工程施工规范》（GB/T 50571）

（30）《光伏发电站施工规范》（GB/T 50794）

（31）《光伏发电工程验收规范》（GB/T 50796）

（32）《风力发电工程施工与验收规范》（GB/T 51121）

（33）《全宗卷规范》（DA/T 12）

（34）《档号编制规则》（DA/T 13）

（35）《全宗指南编制规范》（DA/T 14）

（36）《磁性载体档案管理与保护规范》（DA/T 15）

（37）《档案著录规则》（DA/T 18）

（38）《归档文件整理规则》（DA/T 22）

（39）《建设项目档案管理规范》（DA/T 28）

（40）《纸质档案数字化规范》（DA/T 31）

（41）《档案级可录类光盘 CD-R、DVD-R、DVD+R 技术要求和应用规范》（DA/T 38）

（42）《企业档案工作规范》（DA/T 42）

（43）《数码照片归档与管理规范》（DA/T 50）

（44）《档案数字化光盘标识规范》（DA/T 52）

（45）《照片类电子档案元数据方案》（DA/T 54）

（46）《档案信息系统运行维护规范》（DA/T 56）

（47）《电子档案管理基本术语》（DA/T 58）

（48）《录音录像档案数字化规范》（DA/T 62）

（49）《录音录像类电子档案元数据方案》（DA/T 63）

（50）《档案服务外包工作规范 第 1 部分：总则》（DA/T 68.1）

（51）《档案服务外包工作规范 第 2 部分：档案数字化服务》（DA/T 68.2）

（52）《档案服务外包工作规范 第 3 部分：档案管理咨询服务》（DA/T 68.3）

（53）《纸质归档文件装订规范》（DA/T 69）

（54）《岩心档案管理规范》（DA/T 72）

（55）《纸质档案数字复制件光学字符识别（OCR）工作规范》（DA/T 77）

（56）《录音录像档案管理规范》（DA/T 78）

（57）《实物档案数字化规范》（DA/T 89）

（58）《电力工程项目编号及产品文件管理规定》（DL/T 1108）

（59）《水电水利工程施工监理规范》（DL/T 5111）

（60）《风力发电场项目建设工程验收规程》（DL/T 5191）

（61）《电力建设施工质量验收规程 第 1 部分：土建工程》（DL/T 5210.1）

（62）《电力建设施工质量验收规程 第 2 部分：锅炉机组》（DL/T 5210.2）

（63）《电力建设施工质量验收规程 第 3 部分：汽轮发电机组》（DL/T 5210.3）

（64）《电力建设施工质量验收规程 第 4 部分：热工仪表及控制装置》（DL/T 5210.4）

（65）《电力建设施工质量验收规程 第 5 部分：焊接》（DL/T 5210.5）

（66）《电力建设施工质量验收规程 第 6 部分：调整试验》（DL/T 5210.6）

（67）《电力工程竣工图文件编制规定》（DL/T 5229）

（68）《火电建设项目文件收集及档案整理规范》（DL/T 241）

（69）《水电建设项目文件收集与档案整理规范》（DL/T 1396）

（70）《陆上风电场工程风电机组基础设计规范》（NB/T 10311）

（71）《风电场工程竣工图文件编制规程》（NB/T 10207）

（72）《风力发电企业科技文件归档与整理规范》（NB/T 31021）

（73）《风力发电工程达标投产验收规程》（NB/T 31022）

（74）《风力发电工程建设施工监理规范》（NB/T 31084）

（75）《风电场工程档案验收规程》（NB/T 31118）

（76）《水电工程声像文件收集与归档规范》（NB/T 10239）

（77）《光伏发电工程达标投产验收规程》（NB/T 32036）

（78）《光伏发电建设项目文件归档与档案整理规范》（NB/T 32037）

（79）《光伏发电工程建设监理规范》（NB/T 32042）

（80）《水电工程验收规程》（NB/T 35048）

（81）《水电工程竣工图文件编制规程》（NB/T 35083）

（82）《水电工程岩芯收集与归档规范》（NB/T 10134）

（83）《水电工程项目档案验收工作导则》（NB/T 10076）

（84）《风力发电企业档案分类导则》（NB/T 11589）

（85）《档案馆建筑设计规范》（JGJ 25）

第五章

档案设施设备配备

第一节 档案用房

25. 企业的档案用房主要有哪些？如何设置？

答： 企业应分别设置档案办公用房、整理用房、阅览用房和档案库房；办公用房、阅览用房和档案库房应做到"三分开"。档案用房应集中布置，自成一区，办公用房选址应便于档案库房管理。有条件的单位，档案库房可根据载体类型分别设置或者分区设置。档案阅览用房、库房、整理用房选址应当利于档案保护，远离易燃、易爆物品和污染源，宜符合《档案馆建筑设计规范》（JGJ 25）的规定。

26. 档案整理用房的面积宜为多少？档案阅览用房的面积宜为多少？

答： 档案整理用房使用面积应能满足档案整理工作需求，一般宜达到 $20m^2$。

阅览用房需满足不同类型档案阅览需求，适应涉密档案与非涉密档案分区阅览的需要，有条件的企业的阅览室宜达到 $12m^2$。

27. 如何测算出档案库房使用面积能否满足需要?

答：可以通过以下公式，测算出档案库房面积能否满足需要：

档案库房面积=(档案存量+年增长量×存放年限)×60m²/万卷（或 10 万件）。

28. 档案库房的"九防"是什么?

答："九防"即防潮、防高温、防光、防尘、防有害生物、防有害气体、防盗、防火、防震。

29. 库房选址应注意什么?

答：档案库房一般不得设置在地下或顶层，地处湿润地区不设置在首层。档案库房也不得毗邻水房、卫生间、食堂（厨房）、变配电室、车库等存在安全隐患、可能危及档案安全的地方。

30. 档案库房的楼面荷载标准是什么?

答：档案库房楼面均布活荷载应为 5kN/m²。采用密集架时，不应小于 8kN/m²，或按档案装载情况相应增加。

31. 建设档案馆（室）建筑应符合哪个国家标准?

答：档案用房建筑设计应符合《档案馆建筑设计规范》（JGJ 25）的规定。

第二节　档案设施设备配备

32. 档案工作必备的设施设备有哪些? 有哪些要求?

答：档案工作必备的设施设备分以下几类：

（1）办公设施类，如计算机、打印机、复印机、照相机等。根据需要可配备 CAD 绘图仪、工程图纸复印机、缩微机等设备。

（2）档案整理类，如档案盒打印机、扫描仪、光盘刻录机、装订机、裁纸机、档案装订棉线、胶水、防护手套等。也可配备满足工作需要的档案整理台、档案梯、移动置物架等。

（3）安全保管类，如密闭五节柜、密集架、光盘柜、底图柜、光盘册、照片册、档案盒、档案封套、档案存储硬盘磁盘、消防设施、监控设施、门禁系统、防盗门、除尘器、消毒柜、空气净化器、温湿度计、恒温恒湿机、防虫药片等。

各企业根据实际工作需要有选择地配备上述设施设备外，还可配备满足档案管理工作需要的软件，如档案管理系统或数字档案馆系统、智慧库房管理系统等，所配的设施设备均应符合《科学技术档案案卷构成的一般要求》（GB/T 11822）、《档案馆建筑设计规范》（JGJ 25）等国家相关标准要求，特别是库房设备，一定要符合安全保管要求，不得采用木质柜、玻璃门柜等作为档案装具。

33. 常用的档案装具有哪些？各类档案盒的标准要求是什么？

答：常用的档案装具主要有以下几类：

（1）柜装具类，如档案柜、文件柜、办公柜、胶片柜、磁带柜、卡片柜、自动选层柜等。档案柜架应牢固耐用，一般应具有防火、防盗、防尘作用。应根据非纸质载体档案需要，选择有专用保护功能的柜架。

（2）架装具类，如直列式密集架、侧拉式密集架、抽屉式密集架、单柱固定架、双柱固定架等。

（3）其他装具类，如档案盒、卷夹、卷皮、档案封套等。

档案盒宜采用 220g 以上的单层无酸牛皮纸板双裱压制，纸板 pH 值不小于 7.5。目前，文书档案盒、科技档案盒、会计档案盒一般均采用外形尺寸

310mm×220mm（长×宽），盒脊厚度可以根据需要设置为20mm、30mm、40mm、50mm等。档案盒应根据摆放方式的不同，在盒脊或底边设置全宗号、年度、保管期限、起止件号、盒号等必备项，填写应符合《归档文件整理规则》（DA/T 22）、《科学技术档案案卷构成的一般要求》（GB/T 11822）等规范要求。

对于一些规格特殊的档案，可按实际情况定制档案装具，应符合DA/T 6、《科学技术档案案卷构成的一般要求》（GB/T 11822）等规范要求。

34. 档案库房温湿度宜保持多少？

答：纸质档案库房的温度一般为14～24℃，湿度为45%～60%，其他特殊载体库房温湿度应当符合《档案馆建筑设计规范》（JGJ 25）的规定。

35. 档案的温湿度监测调控装置主要有哪些？

答：档案库房宜配备温湿度计或温湿度记录仪等温湿度监测设备，空调、加湿机、去湿机、加湿去湿一体机、恒温恒湿仪等温湿度调控装置来监测和调控库房温湿度。

不得使用电阻丝加热、电热油汀及以水、汽为热媒的采暖系统来调节库房温度。有条件的企业，可以安装漏水报警设备，提前预防漏水情况发生，提前消除库房安全隐患。

36. 档案库房的消防设施设备如何配备？

答：档案库房需要安装甲级防火门、遮光阻燃窗帘，配备火灾自动报警设备，采用IG541、七氟丙烷、二氧化碳等洁净气体、惰性气体灭火系统或高压细水雾灭火系统，且到期检测更换。采用水喷淋、干粉、泡沫灭火系统，都是不符合要求的。

37. 档案库房的安防设施设备如何配备?

答: 档案库房应安装全封闭防盗门窗、视频监控、防护栏等防护设施,可以选择智能门禁识别、红外报警、视频监控、出入口控制、电子巡查等安全防范系统。档案库房、整理用房、阅览用房、档案数字化加工场所应安装视频监控设备,档案库房视频监控记录应当至少保存 6 个月,其他视频监控记录应当至少保存 3 个月。

38. 什么样的库房才能算是智能库房?

答: 以智慧化建设为核心、以智能密集架及其他智能设备为基础、以信息系统为纽带,通过远程自动控制、报警联动等手段实现温湿度调控、漏水监测、消防报警、安全防范、视频监控等档案智能管理的库房,可以称为智能库房。

第六章

档案基础业务开展

第一节 一般要求

39. 企业档案主要门类有哪些?

答: 按档案的形成者可以分为:国家机关档案、社会组织档案、企业档案、事业单位档案、家庭档案、个人档案等。

按档案的制成材料可以分为:纸质档案、非纸质档案等。

按信息表达方式可以分为:文字档案、音像档案等。

按记录方式可以分为:普通档案、电子档案等。

按时期可以分为:建国前档案、建国后档案等。

目前,企业档案一般以档案内容性质,分为文书档案、科技档案、业务档案(会计档案、人事档案等)、音像档案、实物档案、电子档案等这些门类,各类档案进行分别管理。

40. 如何编制企业档案分类方案?

答: 企业档案分类方案一般由类目表、标记符号、说明与注释、索引等组成。

目前电力行业各类企业已有文件材料收集和整理的国家或行业的规范，已对其收集范围、类目设置、档号编制等作了详细规定，档案人员只需根据国家或行业标准、结合本企业实际情况，制定本企业档案分类方案即可，如有与标准不一致的地方，需加以说明。如个别企业尚无国家或行业规定的文件材料收集和整理规范，则需在本企业档案分类方案中，列出类目表、标记符号，同时加以说明和注释。

41. 为什么要区分全宗？如何区分全宗？

答：全宗是一个国家机构、社会组织或个人形成的具有有机联系的档案整体。

区分全宗，是将文件按不同的形成机构、组织（以下简称"单位"）或个人分开，以避免不同单位形成的文件混合在一起。一个独立从事活动的单位，如一个公司、一个机关、一所学校所形成的档案应该组成一个全宗；公司、机关内部的组织机构，如业务部门所形成的档案则作为相应全宗的组成部分。

现代企业由于股权和隶属关系较为复杂，有时区分全宗也比较困难。实践中，通常从以下几个方面来判断：

（1）可以独立行使职权，并能以自己的名义单独对外行文。

（2）是一个会计单位或经济核算单位，自己可以编造预算或财务计划。

（3）设有管理人事的机构或人员，并有一定的人事任免权。

上述三个条件是统一和互相联系的，通常它们是有此即有彼。但是，其中以独立行使职权并能以自己的名义对外行文为主要条件。是否是一个会计单位和有无人事任免权是参考条件。

42. 当立档单位发生变化时，全宗是否也要发生相应变化？

答：形成全宗的单位称为"全宗构成者"，又称为"立档单位"。

立档单位发生变化主要包括新建、分立、合并、独立、从属、合署和撤销7种情况。

（1）新建：新成立的企业，其档案应构成一个新的全宗。

（2）分立：一个企业分为两个或两个以上的企业。原企业形成的档案单独构成一个全宗，新成立的企业各自形成的档案，分别构成不同的全宗。

（3）合并：由两个或两个以上的企业合并成一个新企业，自合并之日起，形成新的全宗。

（4）独立：从某一个企业分离出去作为一个新企业，替代了原企业部分职能。从它成为独立企业时，它形成的档案构成新的全宗。

（5）从属：与独立相反，一个企业变为另一个企业的内部组织机构。改变前的档案为一个全宗，改变后是另一个全宗的一部分而不能单独划分全宗。

（6）合署：两个企业合署办公，而文件一般为分别处理的，它们形成的档案宜分别构成全宗。

（7）撤销：企业自撤销之日起档案全宗终止。

需要注意的是，企业隶属关系、名称发生变化但工作性质和主要业务范围未变化时可以维持原全宗不变。

43. 如何整理全宗卷?

答：整理全宗卷分以下几个步骤：

（1）全宗卷归档文件材料的收集。整理全宗卷，也和其他归档文件材料一样，要先进行收集，收集范围见表1。

表1 全宗卷归档范围、保管期限和分类

类号	类目名	归档范围	保管期限
1	全宗介绍	全宗指南（全宗介绍）、大事记等说明全宗背景和档案状况的文件材料	永久
2	档案收集	档案接收和征集工作的办法、标准、档案（资料）交接文据及相关目录，档案来源和档案历史转移过程说明材料等	永久

续表

类号	类目名	归档范围	保管期限
3	档案整理	文件材料分类、保管期限和归档范围的规定，档案整理工作方案、整理工作说明和小结等	永久
4	档案鉴定	档案保管期限鉴定、档案开放鉴定、档案分级鉴定、档案销毁鉴定、珍贵档案考证鉴定等鉴定工作的制度、组织、方案和标准，鉴定工作形成的报告、请示及批复，鉴定及销毁处置档案的目录（清册）等	永久
5	档案保管	档案保管工作制度，档案安全检查、档案破损情况调查与修复（抢救）、重点档案保护珍贵档案仿真复制件制作等工作的记录和说明材料，档案保管状况分析和工作总结、报告等	永久
6	档案统计	档案基础统计台账，档案工作基本情况统计报表，档案工作统计分析材料等	永久
7	档案利用	档案利用制度，检索工具编制情况，档案开放与控制情况，档案编研与出版情况，档案展览与公布情况，珍贵档案介绍，档案利用效果典型事例等	永久
8	新技术应用	应用现代技术管理档案的情况记录、工作报告及说明材料，档案信息化和数字化工作情况，电子档案（文件）创建和应用环境（硬件和软件）及数据格式说明等	永久
9	综合全宗卷	管理馆藏、全宗属类、全宗群或联合全宗的综合性业务工作规范和管理制度，涉及多个全宗的文件材料	永久

（2）分类。全宗卷分为：全宗介绍类、档案收集类、档案整理类、档案鉴定类、档案保管类、档案统计类、档案利用类、新技术应用类、综合全宗卷等九类。类号用1～9标识。

（3）排序。文件材料分入不同类目后，按形成时间顺序排列。新增文件材料插入相关类目，向后接续排列。

（4）装订。文件材料以件为单位进行装订。

（5）编号。在文件材料首页上方的空白处进行编号。文件材料的编号由"全宗号-类号-件号"三部分组成。

全宗号：填写文件材料所属全宗的编号。综合全宗卷的全宗号，填写档案馆（室）编号或档案属类代号。

类号：填写全宗分类条目中的序号。

件号：填写文件材料在相关类目中的流水排列序号。

编号举例：ZGDL-1-2（中国电力全宗，全宗介绍类，第2件）。

（6）编制文件材料目录。全宗卷中的文件材料，按类别，以件为单位，按照排列顺序编制文件目录。目录格式如图1所示。

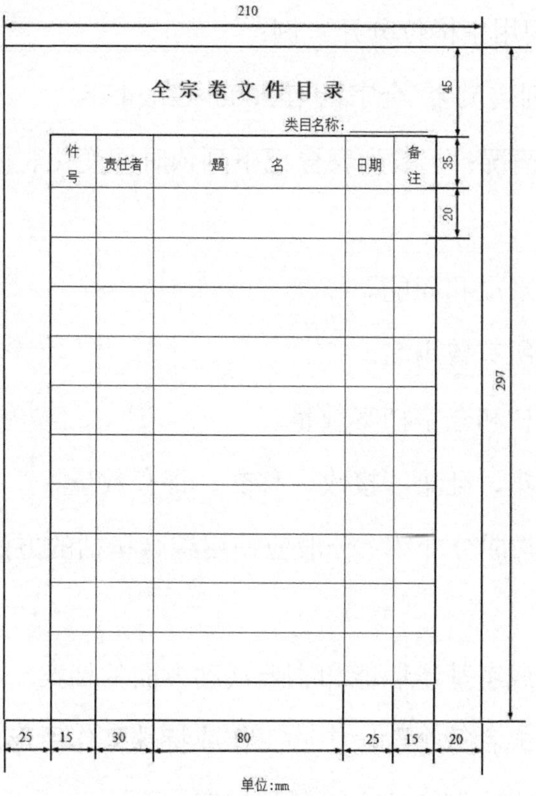

图1　目录格式

新增文件材料在相关类目中接续编制目录。当相同材料出现新旧几种版本时，应在目录备注栏中注明新版本文件替代旧版本文件的名称和时间。

（7）文件材料装盒。全宗卷文件材料按照分类编号顺序装盒。文件材料较多，一盒装不下可按编号顺序装入多盒。装有文件材料的全宗卷应填写卷盒封面和脊背。卷盒式样可参照《全宗卷规范》（DA/T 12）执行。

（8）编制全宗卷盒号。全宗卷卷盒区分全宗，按卷盒排列顺序编制流水号。综合全宗卷单独编制盒号。

44. 如何编写全宗指南？

答：全宗指南一般按段落式条目编写，由全宗指南名称、全宗来源简况、档案内容与成分介绍、检索查阅注意事项四部分组成。

（1）全宗指南名称：由全宗号、全宗构成者的名称、全宗指南、起止时间构成，并列成分之间用空格位分开。例：

J211 北京市计划委员会 全宗指南 2000—2024 年

（2）全宗来源简况：一般列表登记下列依时间变化、记录和反映全宗来源的内容，其顺序为：

1）全宗构成者形成和职能。

2）全宗构成者所有曾用名。

3）全宗管理机构和全宗档案数量。

4）全宗档案收集、征集、接收、移交、寄存数量。

（3）档案内容与成分介绍：一般应使用综合概括的方法介绍，介绍的内容包括：

1）反映全宗构成者基本职能和主要活动方面的档案。

2）反映全宗构成者每个阶段中心工作或特殊工作所形成的档案。

3）具有重要历史价值和地方特色的档案。

4）涉及具有全国和国际意义知名人物的档案。

5）馆藏年代久远和特殊载体的档案。

（4）检索查阅注意事项包括以下内容：

1）档案的完整和完好程度以及遗失、销毁情况。

2）档案的分类与整理方法以及不同载体组卷、装订和保管的情况。

3）档案的利用价值以及鉴定的情况。

4）划分的保管期限种类以及各类保管期限档案的数量。

5）档案内容向社会开放的情况。

6）其他有关问题的说明。

其他编制要求详见《全宗指南编制规范》（DA/T 14）。

45. 档案工作允许外包吗?

答： 近年来，档案服务外包已经成为当代档案事业的重要组成部分，《中华人民共和国档案法》规定，国家鼓励社会力量参与和支持档案事业的发展；《机关档案管理规定》（国家档案局令第 13 号）规定，机关通过政府购买服务方式辅助实现档案工作基本任务的，应当严格限定社会化服务范围，严格审核服务供方的信息安全保障能力和业务资质，并接受档案行政管理部门监督、指导和检查。可见，国家从法律法规的层面规定了档案工作可以由社会力量来参与，同时也明确了参与的工作范围和监督检查的责任。

很多人习惯性地将档案服务外包简称为档案外包，容易误解为只要是档案工作都可以外包，实则不然。能够档案外包的，只有档案服务，档案的归属权、管理权、使用权还是属于档案的拥有者。且档案服务外包仅限于档案寄存服务、档案数字化服务、档案整理服务、档案管理咨询服务、档案开发利用服务、档案销毁服务等辅助性业务类型，开展服务工作时应符合《档案服务外包工作规范》（DA/T 68）的规定。

档案核心管理工作，如保证体系和监督体系的建设和执行、档案人力资源管理等工作，原则上不应外包。

46. 档案服务外包需要注意的问题有哪些?

答： 档案服务外包需要注意以下几个方面：

（1）厘清服务外包中相关各方（发包方、承包方、第三方机构等）的职责，主动接受、积极配合监管机构的指导、监督和检查。发包方严格履行主体责任，防止"过度放权、一包了之"。发生（可能导致）档案受损或泄密的重大事件时，发包方和承包方应及时主动向监管机构报告。

（2）按照合法、安全、可控等原则，开展服务外包工作。应从严把握服务外包范围，做到核心业务不外包、涉密档案控制外包、敏感档案谨慎外包。尤其是发包方应制定和落实安全管理体系，最大限度地避免因档案服务外包引起的档案实体受损或造成国家机密、商业和个人隐私被泄露，有效强化事前、事中和事后监管，确保档案信息和实体绝对安全。

（3）按照《档案服务外包工作规范 第1部分：总则》（DA/T 68.1）要求，做好档案服务外包过程管控。尤其要做好对承包方资质、服务能力的审核工作，确保服务工作顺利完成。承接档案数字化业务的承包方，其法人必须是中华人民共和国境内注册的企业法人或事业单位法人，股东及工作人员必须是中华人民共和国境内公民，其业务范围必须包括档案数字化加工或数据处理类项目。承接涉密档案数字化加工的承包方，应当取得国家保密行政管理部门颁发的甲级或乙级国家秘密载体印制资质。承接非涉密、可公开的档案数字化加工服务的承包方，可不要求国家秘密载体印制资质。

（4）档案服务外包工作结束或经过一定阶段后，发包方应对承包方服务质量进行评价，评价结果作为承包方改进服务质量及今后档案服务项目准入的重要参考依据。

第二节　形成与收集

47. 对归档文件材料的要求是什么？

答：（1）企业形成的文件材料应当使用耐久、可靠、满足长期保存需求的记录载体和记录方式。

（2）归档文件材料应当真实、完整、准确，签字及盖章手续完备。

（3）归档的文件材料应当为原件，以复制件归档的应当注明原因及原件存放处。

（4）办公自动化和其他业务系统应当支持形成符合要求的归档文件材料。

48. 什么是部门立卷？为什么要部门立卷？

答： 部门立卷，即归档文件材料由形成部门或项目人员进行收集、整理和立卷，并对归档文件的齐全、准确和形成质量负责。优势如下：

（1）发挥文件形成部门熟悉业务和文件材料处理过程的长处，便于提高案卷质量和立卷效率。

（2）由文件形成部门集中立卷，可以防止文件材料的散失，有利于保证文件材料的齐全、完整及安全。

（3）由文件形成部门暂时保存本年度文件材料，可方便部门人员查阅。

第三节　整理与归档

49. 归档文件整理的基本原则是什么？

答：（1）归档文件整理应遵循文件的形成规律，保持文件之间的有机联系。

（2）归档文件整理应区分不同价值，便于保管和利用。

（3）归档文件整理应符合文档一体化管理要求，便于计算机管理或计算机辅助管理。

（4）归档文件整理应保证纸质文件和电子文件整理协调统一。

50. 什么是机构分类法、问题分类法？如何选用？

答： 机构分类法和问题分类法是文件材料常见的分类方法。机构分类法，是根据文件形成和处理的承办机构对归档文件分类。问题分类法，是按照文件内容所涉及的问题对归档文件分类。

两者不宜同时采用，而应要根据企业实际情况选择其中一种。采用问题法分类时，一般需要用类目表，本书也根据工作实际编撰了文书档案类目表供大家参考，详见附录 A。

两种分类方法利弊及适用性分析见表 2。

表 2　分类方法利弊分析

分类方法	利	弊	适用性
机构分类法	（1）将文件材料归档范围与部门对应，有利于明确归档责任，有利于文件材料的收集归档。 （2）有效地保持全宗内文件在来源方面固有的联系，客观地反映立档单位的历史面貌。 （3）企业实行部门立卷制度，每个部门归档时，自然构成一类，方便简洁	有些企业部门设置或部门职能职责变化频繁，档案分类、保管期限表因部门频繁变动而频繁修订	适用于部门或职能调整不频繁，组织机构相对简单且固定的企业
问题分类法	（1）类别不受内部机构的限制，能够比较突出地反映一个职能活动的主要面貌。 （2）可以避免或减少同类问题文件分散的现象，便于按专题查找和利用档案	主观性较强，需要有一定专业知识和经验，同一份文件由不同的人分类，可能会分到不同类目，影响检索使用	适用于部门或职能变化频繁，组织机构复杂的企业

51. 文书档案分类方法和档号编制规则是什么？

答：文书档案主要依据《归档文件整理规则》（DA/T 22）进行分类和档号编制。

一般采用年度、机构（问题）、保管期限的组合复式分类方式。常用的有以下几种方式：

第一种：年度—机构（问题）—保管期限。

第二种：年度—保管期限—机构（问题）。

第三种：保管期限—年度—机构（问题）。

确定分类方案后，同一全宗应保持分类方案的稳定。

档号一般由档案门类、年度、机构（问题）、保管期限和件号五组代码组成。上、下位代码之间用"-"连接，同一级代码之间用"·"隔开。按机构分类，档号标识如图2所示；按问题分类，档号标识如图3所示。

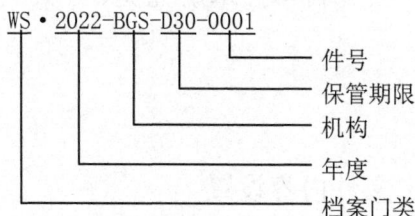

WS·2022-BGS-D30-0001
- 件号
- 保管期限
- 机构
- 年度
- 档案门类

图2　按机构分类

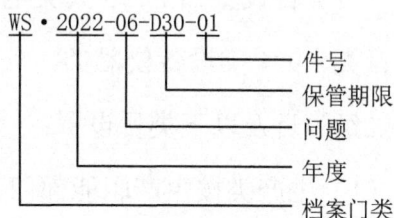

WS·2022-06-D30-01
- 件号
- 保管期限
- 问题
- 年度
- 档案门类

图3　按问题分类

52. 档号编制中，机构代码是不是只能用字符表示？件号是不是只能是4位数字？

答：编制档号时，按《归档文件整理规则》（DA/T 22—2015）中5.4.2规定，机构（问题）代码采用3位汉语拼音字母或阿拉伯数字标识，如办公室代码为"BGS"等。按《档号编制规则》（DA/T 13—2022）8.7规定，可以采用大写汉语拼音字母、阿拉伯数字或汉字标识机构/问题。这给大家又多了一种选择，且汉字标识机构（问题）可能更直观方便。

编制档号时，按《归档文件整理规则》（DA/T 22—2015）中5.4.2规定，件号是单件归档文件在分类方案最低一级类目内的排列顺序号，用4位阿拉伯数字标识，不足4位的，前面用"0"补足，如"0026"。按《档号编制规则》（DA/T 13—2022）8.9.1规定，采用阿拉伯数字标识件号的，各单位应按归实际数量确定件号的位数。一些案卷数量少的单位，可以不再用四位数标识件号了。

53. 科技档案分类方法和档号编制规则是什么？

答：科技档案种类较多，以风电企业科技档案为例，目前风电企业科技档案主要依据《风力发电企业科技文件归档与整理规范》进行分类和档号编制，其他类型企业科技档案整编依据详见本书第 24 问。

科技档案类目按照企业管理职能、文件的形成阶段、专业性质等特点进行设置。主要有：

一级类目设置如下：6 大类电力生产类、7 大类科学技术研究类、8 大类建设项目类、9 大类设备仪器类。

二级类目及以下类目设置：

（1）生产类按生产职能部门、文件性质、文件内容设置。

（2）科学技术研究类应按科技成果性质或立项课题设置。

（3）项目建设类应按参建单位、文件形成阶段、专业性质、内容设置。

（4）设备仪器类应按系统、专业、设备台件设置。

档号一般由目录号、分类号和案卷流水号构成，代号之间用"-"连接，档号编写要符合《风力发电企业科技文件归档与整理规范》（NB/T 31021）规定。示例如下：

某风电项目一期工程第 20#风机基础质量验收记录第 1 卷，目录号即为 1020，分类号为 841，档号即为 1020-841-001，如图 4 所示。

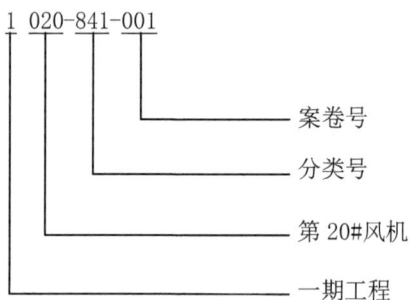

图 4　风电项目档案档号示例

54. 会计档案分类方法和档号编制规则是什么？

答：会计档案主要依据《电力工业企业档案分类规则》（能源办〔1991〕231 号）、《会计档案管理办法》（财政部　国家档案局令第 79 号）进行分类和档号编制。

一般电力企业会计档案一级类目设置为：430 报表、431 账册、432 工资单、433 凭证、434 其他会计资料，共五个类目。

电力企业会计档案根据分类方案和排列序号编写档号，档号的结构宜为：年度-分类号-顺序号，上下位代码之间用"-"连接。示例如下：

某企业 2020 年会计报表第一卷，档号即为 2020-430-0001，如图 5 所示。

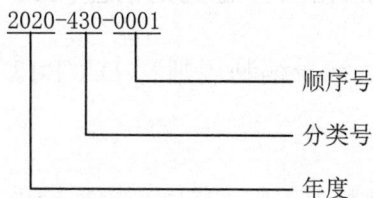

2020-430-0001
——— 顺序号
——— 分类号
——— 年度

图 5　会计档案档号示例

55. 音像档案分类方法和档号编制规则是什么？

答：音像档案主要依据《照片档案管理规范》（GB/T 11821 −2002）、《录音录像档案管理规范》（DA/T 78—2019）等进行分类和档号编制。

音像档案一般按照"年度-音像类别"分类方法进行分类。音像档案一级类目及代码宜设置如下：

ZP－照片类

YP－音频类

SP－视频类

GP－光盘类

QT－其他

档号宜按音像类别及排列顺序编写：年度-分类代码-册（组）号-件（张）号。示例如下：

某企业 2020 年照片档案第 1 册第 1 张照片，档号即为 2020-ZP-001-0001，如图 6 所示。

```
2020-ZP-001-0001
         └──── 件（张）号
      └─────── 组（册）号
   └────────── 分类代码
└───────────── 年度
```

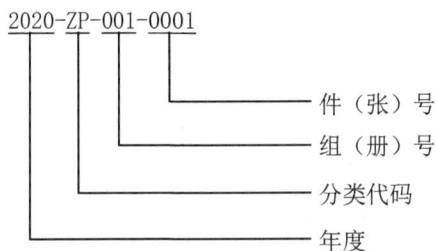

图 6　音像档案档号示例

56. 实物档案分类方法和档号编制规则是什么？

答：实物档案可依据《档号编制规则》（DA/T 13），结合企业实际进行分类和档号编制。

归档实物以件为单位整理归档，成套实物为一件。实物档案可按照"年度-实物类别"分类方法进行分类。

企业实物档案不多的情况下，设置一级类目即可，一级类目如下：

01—荣誉类

02—印信类

03—纪念品类

04—科研类

09—其他

归档实物应按分类方案及排列顺序逐件编写档号：年度-分类号-件号。示例如下：

某企业 2020 年荣誉类第 1 件奖杯，档号即为 2020-01-0001，如图 7 所示。

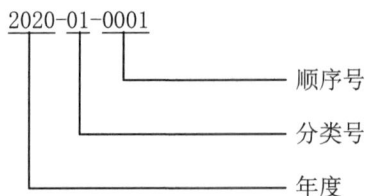

```
2020-01-0001
       └──── 顺序号
    └─────── 分类号
 └────────── 年度
```

图 7　实物档案档号示例

57. 档案目录包括哪几种类型？由哪些要素构成？

答： 企业一般应编制全宗级、案卷级、文件级目录。每一级可以根据档案机构形成的行政管理结构和职能的复杂性以及档案的组织体系进一步细分。科技、专门（专业）档案的目录层级结构参照相关规定执行。

全宗级目录，一般应包括全宗号、全宗构成者的名称或全宗名称、起始时间、终止时间、全宗来源简况、档案内容与成分介绍、检索查阅注意事项等。具体著录内容及要求可按照《全宗指南编制规范》（DA/T 14）。

案卷级目录，一般应包括案卷级档号、案卷题名、起始时间、终止时间、保管期限、卷内页数、文件件数、存储位置、主题词、范围与内容、密级标识、控制标识、信息公开标识、备注等。具体著录内容及要求可照《归档文件整理规则》（DA/T 22）、《科学技术档案案卷构成的一般要求》（GB/T 11822）等。

文件级目录，一般应包括文件级档号、文件题名、文件形成时间、责任者、数量及单位、存储位置、载体类型、规格、主题词或关键词、附件及说明、密级标识、控制标识、信息公开标识、备注等。具体著录内容及要求可参照《归档文件整理规则》（DA/T 22）、《科学技术档案案卷构成的一般要求》（GB/T 11822）等。

58. 各类文件材料宜什么时间归档？交接手续如何办理？

答：（1）文书材料于次年 6 月底前归档。

（2）科技文件材料在科技活动结束后 1 个月内归档。

（3）会计材料由会计部门在会计年度终了后保管 1 年，于次年 3 月底前归档。

（4）音像材料在活动结束或办理完毕后随时归档。

（5）实物材料及时归档。

（6）采用办公自动化或其他业务系统的，应当随办随归。

归档时间有特殊规定的，从其规定。

归档时，交接双方根据归档清单清点核对，并履行交接手续，填写档案交接单，各留一份备查。任何部门和人员不得将应归档文件材料据为己有或拒绝归档。

59. 为什么同一类文件材料有时归文书档案，有时归科技档案？

答：在档案分类时，同一类文件材料不一定都归入同一类档案，应根据文件材料的核心内容、形成阶段，遵循档案成套性原则，灵活归类，便于查找利用。

例如，为保持建设项目档案的完整性和成套性，一般将项目建设过程中形成的全部文件材料，包括前期文件，如合同、招投标等文件，全部归入项目档案，即科技档案中。进入生产运营期后，合同和招投标等文件，一般归入"经营管理"类，即文书档案中。

60. 归档文件材料无题名或题名不完整、归档文件材料无日期或日期不完整，如何进行档案著录？

答：归档文件材料无题名或题名不完整时，应根据文件内容，自行补充完整。自行补充部分应加"[ ]"以示区别。

归档文件材料无日期的，需分析文件材料内容，参考与其有关联的文件日期并在备注栏中加以说明。

归档文件材料日期不完整，如只有年份，没有月、日，宜用"0"补全。如一份文件为 2024 年度，没有具体日期，著录日期时，可著录为"20240000"。

61. 照片的题名、文字说明如何填写？有什么区别？

答：照片题名应简明概括、准确反映照片的基本内容，人物、时间、地点、事由等要素尽可能齐全。

文字说明应综合运用事由、时间、地点、人物、背景、摄影者等要素，概括揭示照片影像所反映的全部信息；或仅对题名未及内容作出补充。其他需要说明的事项亦可在此栏表述，如照片归属权。不属于本单位的，应注明照片版权、来源等。

两者在内容上确有相似之处，但更应发挥相互印证、补充的作用。如题名和文字说明内容完全一致，就失去了分别填写的意义。

例如，某一照片的题名为"某年某月某某集团公司副总经理某某某赴某某公司综合处调研保密工作开展情况"。

文字说明可以填写"某某集团公司副总经理某某某（左二），某某公司综合处主任某某（左三）陪同"，作为对题名反映内容信息的补充。

62. 什么是全宗号？是不是所有项目文件的档案号都必须加上全宗号？

答： 全宗号，也称为档案全宗号，是各级档案馆为已进馆或可能进馆的单位分配的编号，用于区分各个立档单位。

对于保管于本企业档案室的档案，在编制档案号时，一般不需要加"全宗号"，可使档案号更加简洁，也不影响使用。

如档案需移交上级单位档案馆时，由上级单位给定"全宗号"，在移交的纸质档案或电子档案中增加即可。

第四节 档案保管保护

63. 档案在档案柜、档案架中如何排架？

答： 常见的排架方法有分类排架法和流水排架法。

分类排架法就是在企业档案分类工作的基础上，严格按照分类体系排列企业档案案卷的方法。这种排架法在实际工作中运用最为广泛。

流水排架法是按档案接收进库的先后顺序排列档案案卷的方法。这种排架在实践中使用较少。

纸质案卷应遵循从上到下，从左到右的排架原则。特殊载体形式的档案，一般按载体分专题进行排列。

64. 档案保管记录宜有哪些？档案保管检查如何开展？

答： 企业档案人员应做好如下档案保管记录：

（1）监测和记录库房温湿度，根据需要采取调节措施。

（2）定期检查维护档案库房设施设备并做好记录，确保正常运转。

（3）定期清扫除尘，保持库房干净整洁，并做好记录。

（4）定期检查档案保管情况，发现问题应当及时处理，并建立检查和处理情况台账。

（5）记录人员、档案进出库房情况，建立相关台账。

档案人员定期（每年至少一次）对纸质档案、电子档案数量进行清点、对保管状况或读取状况进行检查，发现问题及时处理，并建立检查和处理情况台账（如档案数量清点登记表等），做到账物相符。

65. 如何编制档案工作突发事件应急预案？

答： 企业档案部门应结合企业实际，编制档案突发事件应急预案，纳入企业总体应急预案体系，并定期组织演练。

档案工作突发事件应急预案一般应包括以下几部分内容：风险描述及风险等级，应急工作原则，组织机构与职责，档案存放位置等重要情况，预警与信息报告，应急响应及响应等级，信息披露（报告），后续处置工作，应急保障，预案管理，监督与奖惩等。为更具备操作性，预案中应编制处置流程图及突发事件领导小组和工作组成员名单及联络电话，方便对突发事件的处置。

第五节　档案鉴定销毁

66．档案鉴定工作如何开展？

答：（1）成立档案鉴定委员会（小组）：成立由企业档案分管领导、档案部门及相关职能（业务）部门负责人、档案人员及相关职能（业务）部门专业技术人员构成的档案鉴定委员会或小组（必要时可邀请相关领域专家参与），加强对档案鉴定工作的组织领导。

（2）制定档案鉴定工作方案：方案内容主要包括鉴定目的、原则、企业档案基本情况、本次鉴定工作的范围、鉴定标准和基本方法、鉴定工作程序、销毁工作流程、留存档案处置、时间安排、资金保障等。方案应经过档案鉴定委员会（小组）批准。

（3）清点档案，开展档案逐卷/件鉴定工作：对已满保管期限的档案逐件进行鉴别，判定其是否仍然具有保存价值。在档案鉴定中可采取直接鉴定法，以案卷/件为单位进行审阅、分析，并参照档案保管期限表预测档案未来的需要，提出鉴定意见。对保管期限没有把握时，一般应遵循保存从宽、销毁从严、孤本从宽、复本从严，本企业文件从宽、外单位文件从严，年久的从宽、近期的从严的基本指导思想。对介于两可之间的，可采取就高不就低的方法处理。如同一案卷中只有少数要剔除的，应"以短从长"，尽量不去拆卷。最后，鉴定人员将初步鉴定意见填写在档案鉴定卡片上。在个人鉴定的基础上，进行集体讨论，由鉴定委员会（小组）出具鉴定工作报告和处置意见。

对经鉴定后需要继续保存的档案，应按照卷内文件情况及鉴定意见重新划定保管期限。对保管的案卷进行重新组织，调整企业档案的排架顺序，对检索工具做相应的改正。

（4）档案鉴定工作总结：档案鉴定销毁工作完成后，应将鉴定工作方案、鉴定卡片、清册及其他有关材料集中整理后妥善保存，并向档案鉴定委员会（小组）及上级档案主管部门报送鉴定工作总结。

67. 档案销毁工作如何开展？

答：（1）编制销毁清册：对经过鉴定确认无保存价值的档案编制销毁清册。销毁清册的封面需设置全宗号、销毁档案的名称、鉴定小组负责人的签字及时间、批准人的签字及时间、两个监销人的签字及销毁时间等项目。清册中档案销毁登记表要设置序号、文件题名、所属年度、档号、应保管期限、已保管期限、文件页数、备注等栏目，准确揭示每一份销毁文件的内容和其他组成要素。销毁清册永久保存。

（2）销毁档案：销毁时，应在指定场所统一进行，须有 2 人以上（含 2 人）在现场监销。涉密档案的销毁应符合《国家秘密载体销毁管理规定》。

第六节　档案开发与利用

68. 如何开展企业档案利用工作？

答：企业应积极开展档案利用工作，建立健全档案利用制度，根据档案的密级、内容和利用方式，规定不同的利用权限、范围和审批手续。

按照规定的要求和方式对内、对外提供档案利用服务，并对利用活动及时跟踪和监督。建立档案查阅利用登记和利用效果登记，编写档案利用效果汇编。

69. 企业的基础编研工作有哪些？

答：全宗介绍、组织沿革、大事记、基础数字汇编、专题文件汇编等。

70. 什么叫大事记？大事记的内容由哪两部分组成？

答：大事记是按照时间顺序简要地记载一定时期内企业重大事件和重要活动的档案参考资料。

大事记的内容一般由大事时间和大事记述两部分组成。时间按年、月、日的顺序依次排列；每件大事年、月、日齐备。对时间不确切的事件，应尽力进行考证，大事记条款严格按照大事发生的先后顺序排列，先排有确切日期的大事，后排接近准确日期的大事，日期不清者附于月末，月份不清者附于年末。大事记述是对史实的记述，是大事记中最重要的部分。

71. 什么叫组织沿革？组织沿革的内容必须具备哪五个要素？

答：组织沿革是系统记载一个企业的组织机构、人员编制、体制变革情况的参考资料。由以下五个要素构成：

（1）企业性质和主要职能。

（2）隶属关系。

（3）内部机构设置。

（4）领导成员组成。

（5）人员编制。

第七节　档案统计与移交

72. 档案统计工作有哪些内容？

答：企业应做好档案统计工作，建立统计台账对所保管档案情况、年度出入库情况、档案利用情况、移交进馆情况、鉴定销毁情况、信息化情况、设施设备情况、档案工作人员情况、档案服务外包情况等定期统计，且统计结果真实、准确、完整。

同时，建立档案统计年报制度，每年度将档案工作统计年报按要求报送国家档案主管部门。

73. 哪些情况下，企业档案需要移交进馆?

答： 在市政规划范围内的建设项目档案，需要向所在市城建档案馆移交。主要移交范围为建设项目立项、审批等合规性文件及部分施工文件等，具体内容参考各级城建档案馆归档清单。国有企业发生破产转制的，其档案可按规定移交本级综合档案馆。

第七章

档案信息化建设

74. 企业档案信息化建设应配备哪些设施？

答：企业档案信息化建设应配备以下设施：

（1）档案信息化硬件设施。在档案信息化建设过程中，首先需要配置稳定、可靠、安全和较高性能的信息化硬件设施，以满足信息化环境下档案收集、管理、利用等基本需求。档案信息化基础设施建设包括计算机终端设备、数字化加工和存储备份设备、网络连接设备、服务器和网络布线等内容，也应包括安全保障设施设备，如防火墙等内容。

（2）网络环境的构建。应为档案部门配备局域网、政务网和互联网等网络基础设施，网络性能应能适应各门类电子文件、电子档案传输、利用要求，并实行三网物理隔离。

（3）档案信息化软件。应配备电子档案管理系统以及与电子档案管理需求相适应的基础软件等，如杀毒软件。

以上档案信息化基础设施和信息安全设施应能保障电子档案管理系统的正常运行，满足电子文件归档与电子档案管理活动的实际需求。

75. 传统载体档案数字化工作主要要求有哪些？

答：企业应建立传统载体档案数字化常态机制，坚持实用性原则，对具备重复利用和紧急利用、亟待保护和紧急抢救的档案先行数字化，对于保管期限30年以上且社会利用价值高的档案应列入数字化加工范围。

文书档案数字化应符合《纸质档案数字化规范》（DA/T 31）要求；纸质档案数字复制件全文识别应符合《纸质档案数字复制件光学字符识别（OCR）工作规范》（DA/T 77）要求。

音像档案数字化应符合《录音录像档案数字化规范》（DA/T 62）要求。

实物档案数字化应符合《实物档案数字化规范》（DA/T 89）等要求。

开展传统载体档案数字化的同时应开展传统载体档案目录数据库建设，数据库质量符合《档案著录规则》（DA/T 18）等要求，满足查询、利用、统计等一般性需求。

76. 电子文件长期保存的载体有哪些？

答：《电子文件归档与电子档案管理规范》（GB/T 18894—2016）推荐采用的载体，按优先顺序依次为：只读光盘、一次写光盘、磁带、可擦写光盘、硬磁盘等。不允许用软磁盘作为归档电子文件长期保存的载体。

77. 什么是电子档案的异质备份？以磁带为存储介质的电子档案备份为光盘，算异质备份吗？

答：电子档案的异质备份是在保证文件信息安全的前提下，将电子档案的信息转换到其他类型的载体上，以确保电子档案真实、长久保存下去，如将电子档案备份为纸质或缩微胶片。严格意义上来说，磁盘、光盘、磁带等存储介质之间的备份，是相同形态档案数字资源的复制，不属于"异质备份"。

78. 什么是实物档案数字化？实物档案数字化有哪些方式？

答： 实物档案数字化是采用拍摄、扫描等方式对实物档案进行数字化加工，将其转化为存储在磁带、磁盘、光盘等载体上的数字文件，并按照实物档案的内在联系，建立目录数据与数字文件关联关系的处理过程。

实物档案数字化主要有平面扫描、三维扫描、数码拍照、环物摄影等方式。

79. 对存储数码照片档案的磁性载体和光盘多长时间抽检一次？抽样率多少？

答： 按《数码照片归档与管理规范》（DA/T 50）要求，对存储数码照片档案的磁性载体每满 2 年、光盘每满 4 年进行一次抽样机读检验，抽样率不低于 10%，如发现问题应及时采取恢复措施。

80. 对存储在磁性载体上的数码照片档案多长时间转存一次？

答： 按《数码照片归档与管理规范》（DA/T 50）要求，对存储在磁性载体上的数码照片档案，应每 4 年转存一次。原载体同时保留时间不少于 4 年。

81. 如何做好电子档案信息安全管理？

答： 一是企业电子档案管理系统等级保护不低于二级标准，分级保护等级与电子档案最高密级相适应；使用云服务的，与相应管理机构明确安全管理责任，具体规定可参照《档案信息系统安全等级保护定级工作指南》。

二是应制定电子档案备份、转换和迁移方案及策略，并按照备份策略对电子档案实行在线、离线、近线备份，具备条件的进行容灾备份。同时做好传统载体档案数字化、电子文件归档与电子档案管理的安全保密工作。

82. 什么是电子档案单套管理？具备什么条件才能实行电子档案单套管理？

答： 电子档案单套管理是仅以电子文件形式归档电子文件和管理电子档案的方式。

电子档案单套管理是一项整体性、系统性工作，实行电子档案单套管理应在达到前置性条件的情况下，同时满足制度建设要求、系统建设要求、资源建设与管理要求、安全管理要求，并通过可行性评估。依据《电子档案单套管理一般要求》（DA/T 92），前置性条件如下：

（1）电子文件形成、归档和电子档案管理均通过安全可信的系统或电子设备实现。

（2）具备满足电子档案管理需要的信息化基础设施和必要的管理制度与规范。

（3）经费和人员配备能够满足电子档案单套管理需要。

（4）档案、业务、信息化、安全保密等部门建立工作协调机制，分工负责电子档案单套管理工作。

（5）具备完善的培训机制，针对单位领导、档案管理人员、业务人员、系统管理人员等分角色进行充分培训。

需要注意的是，只保存了电子文件，未保存相关元数据的，不具备实行电子档案单套管理的条件。

下篇

《风力发电企业科技文件归档与整理规范》(NB/T 31021—2024) 解读与实施

第一章　概述

第二章　术语和定义

第三章　总体要求

第四章　科技文件归档

第五章　归档文件质量

第六章　科技文件的整理

第七章　照片、实物档案与电子文件归档与整理

第八章　档案移交

第一章

概　述

本章主要围绕《风力发电企业科技文件归档与整理规范》（NB/T 31021—2024）（以下简称"标准"）"前言""1 范围""2 规范性引用文件"相关内容进行解读。

第一节　标准修订背景和修订内容

1. 为什么对 NB/T 31021—2012 标准进行修订？

答： 2010 年，中国风电行业步入了快速发展阶段，全国风电装机已达 2.81 亿千瓦，但国内风电企业档案管理尚无标准可循，与风电工程相关的技术标准也屈指可数。因此，中国电力投资有限公司（现国家电力投资有限公司，以下简称"国家电投"）提出标准编写计划，并成立了编写小组，赴辽宁北塔子、甘肃酒泉、江苏大风等风电场进行实地调研，形成了 NB/T 31021—2012 标准初稿。依据《国家能源局关于下达 2011 年第一批能源领域行业标准（修）订计划的通知》（国能科技〔2011〕27 号），经过行业内征求意见、初审、终审等程序，于 2012 年 4 月 6 日发布，2012 年 7 月 1 日实施。

NB/T 31021—2012 标准的发布实施，填补了风电档案管理的空白，规范了风电企业科技档案管理工作，对风电企业科技文件的归档与整理工作起到了重要作用。

近十年来,我国风电产业走出了规模化发展之路,无论是装机规模,还是科技实力,抑或产业体系建设,均在全球范围内处于领跑位置。风机单机容量不断增大,海上风电规模化开发,供热、储能配套项目建设等,使得 NB/T 31021—2012 标准从收集范围到分类体系已不能满足作为风电企业科技档案工作的实际需要。另外,近十年来,国家、行业均颁布了许多与风电工程相关的技术标准,对风电工程管理要求越来越规范。风电企业科技档案作为风电工程管理和风电企业管理的重要内容,NB/T 31021—2012 标准已不能适应风电工程和风电企业档案管理工作的需要。因此,修订 NB/T 31021—2012 标准势在必行。

2. NB/T 31021—2012 标准修订过程是怎样的?

答: NB/T 31021—2012 标准修订工作经历了制订修编计划、立项、征求意见、评审、发布等过程。

(1)制订修订计划,开展修订工作,形成修订草稿。

2020 年 5 月,国家电投内蒙古能源有限公司受国家电投委托,牵头组织 NB/T 31021—2012 标准修编工作,成立工作组,制订修编计划,召开首次启动会,安排任务分工。

2020 年 6 月至 2021 年 9 月,面向国家电投系统内征集修订意见及建议 118 条,经工作组讨论、分析、确认,根据《标准化工作导则 第 1 部分:标准化文件的结构和起草规则》(GB/T 1.1—2020)要求,形成标准修订草稿。

(2)申请立项,开展调研,形成初稿。

2021 年 10 月,NB/T 31021—2012 标准修订工作经国家能源局国能综通科技〔2021〕92 号文《国家能源局综合司关于下达 2021 年能源领域行业标准制修订计划及外文版翻译计划的通知》批准立项,由能源行业风电标准化技术委员会风电场运行维护分技术委员会归口管理。

2021 年 10 月至 2021 年 12 月，工作组赴内蒙古霍林河循环经济示范工程风电场、江苏大丰风电项目、滨海南 H3 海上风电项目等多个风电项目现场实地调研，调研风电项目涵盖陆地、海上、滩涂等不同类型。工作组根据现场调研收资情况，完成标准修编初稿。

（3）广泛征求意见，邀请专家评审，形成送审稿。

2022 年 1 月至 3 月，工作组多次召开修编工作会议，组织初稿评审会，形成征求意见稿。

2022 年 3 月 22 日至 4 月 21 日，中电联标准委员化管理中心在中电联网站发布了《关于征求能源行业标准〈风力发电企业科技档案归档与整理规范〉意见的函》，面向全社会和能源企业公开征求意见。

2022 年 4 月至 2023 年 9 月，工作组汇总、梳理反馈意见，采纳 17 条、部分采纳 5 条、未采纳 11 条，完成标准送审稿。

（4）参加审查，修改完善送审稿，形成报批稿。

2023 年 9 月 4 日至 7 日，能源行业风电标准化技术委员会组织标准送审稿审查。审查会在内蒙古赤峰召开，中国电力企业联合会副秘书长许松林、标准化管理中心主任汪毅出席会议，来自中广核、大唐集团、南瑞科技、龙源电力等多家能源企业的特邀专家以及标准编制组代表等 90 余人参加会议。根据评审专家的评审意见，形成标准报批稿。

（5）颁布实施。

2024 年 5 月 24 日，国家能源局以 2024 年第 2 号公告批准《风力发电企业科技文件归档与整理规范》（NB/T 31021—2024）发布，2024 年 11 月 24 日实施。

3. NB/T 31021—2024 标准结构内容与原标准相比有哪些变化？

答：标准在前言部分说明了 NB/T 31021—2024 与原标准相比，主要的技术内容变化情况。

按照科技文件归档与整理工作内容，NB/T 31021—2024 标准结构也做了调整和修订，原标准为八个章节，现标准为十个章节，具体结构变化见表1。

表 1　具体结构变化

NB/T 31021—2024	NB/T 31021—2012
前言	前言
1 范围	1 范围
2 规范性引用文件	2 规范性引用文件
3 术语和定义	3 术语和定义
4 总体要求	4 总则
5 科技文件归档 5.1 归档职责 5.2 归档范围 5.3 归档时间 5.4 归档份数 5.5 归档文件质量	5 科技文件归档要求 5.1 归档职责 5.2 归档范围 5.3 归档时间 5.4 归档份数 5.5 归档文件质量
6 科技文件整理 6.1 基本要求 6.2 鉴定 6.3 分类 6.4 组卷 6.5 案卷及卷内文件排列 6.6 案卷编目 6.7 装订 6.8 卷盒、表格规格及制成材料	6 科技文件归档 6.1 基本要求 6.2 分类 6.3 组卷 6.4 案卷及卷内文件排列 6.5 案卷编目 6.6 案卷装订
7 照片档案的归档与整理 7.1 归档范围 7.2 归档时间 7.3 归档要求 7.4 整理	7 照片与电子文件整理 7.1 照片的整理 7.2 电子文件的整理
8 实物档案的归档与整理 8.1 归档范围 8.2 归档要求 8.3 整理	8 档案的移交 8.1 移交要求 8.2 移交程序 8.3 移交签证
9 电子文件归档与整理 9.1 归档范围 9.2 归档要求 9.3 归档格式 9.4 整理	

NB/T 31021—2024	NB/T 31021—2012
10 档案移交 　10.1 移交要求 　10.2 移交审核签证	
附录 A（规范性）风力发电企业科技档案分类	附录 A（规范性附录）风力发电企业科技文件归档范围及保管期限划分
附录 B（规范性）风力发电企业科技文件归档范围及保管期限划分	附录 B（资料性附录）表格式样
附录 C（资料性）档案整理表式	
附录 D（资料性）风力发电企业工程照片归档范围	

4. NB/T 31021—2024 标准分类体系修订原则是什么？做了哪些调整？

答：分类是文件整理工作的重要基础内容，科学合理的分类体系，是档案规范整理、系统管理和利用的基础，对档案工作具有重要意义。

NB/T 31021—2024 分类体系修订原则是既要保持原标准分类体系的相对稳定性，又能涵盖风力发电企业科技档案内容，类目上下位隶属关系清楚，标识规则统一。分类表各级类目的设置应充分体现风力发电企业的特点和专业特征，同时具有扩充余地，能够满足风力发电企业科技档案整理和科技档案管理工作的实际需要。

NB/T 31021—2024 分类体系修订情况如下：

（1）分类表一级类目沿用了 NB/T 31021—2012 一级类目设置，即 6 大类电力生产、7 大类科学研究、8 大类建设项目、9 大类设备仪器。

（2）分类表二、三级类目：一是规范了类目标识与类目名称，如二、三级类目均设置×0、××0 统一命名为"综合"，×9、××9 统一命名为"其他"；二是保留原分类表中经实践证明的实用内容，根据现阶段风力发电企业科技档案实际情况，修改并增加了部分二、三类目与内容，如根据《建设项目档案管理规则》（DA/T 28—2018）中对建设项目文件的规定和部分评审专家意见，

8 大类删除了"80"分类号，二级类目号从"81"开始排列；原标准"85"类目号内容为空，本标准赋予"85"二、三级类目分类内容。

NB/T 31021—2012 与 NB/T 31021—2024 类目号及类目内容变化情况见表 2。

表 2　类目号及类目内容变化情况

NB/T 31021—2012 分类表	NB/T 31021—2024 分类表
6 电力生产 60 综合 600 总的部分 601 生产准备 602 观测与监测	6 电力生产 60 综合 600 综合 601 技术标准 602 系统布置 603 生产准备 609 其他
61 生产运行 610 综合 611 运行记录 612 发电记录 613 调度日志 614 运行技术文件 615 设备缺陷管理	61 生产运行检修 610 综合 611 运行记录 612 观测与监测 613 检修维护 614 生产物资 619 其他
62 生产技术 620 综合 621 指标分析 622 运行系统图 623 技术监督 624 可靠性管理 625 并网安全性评价 626 技术规程	62 生产技术管理 620 综合 621 运行指标 622 可靠性管理 623 技术监督 629 其他
63 物质管理 630 综合 631 设备及备品备件采购 632 物资管理台账	63 招投标及合同 630 综合 631 招投标 632 合同 639 其他

NB/T 31021—2012 分类表	NB/T 31021—2024 分类表
64 技改与检修 640 综合 641 检修与维护 642 技改项目 69 其他	64 技改项目 640 综合 641 施工文件 642 监理文件 643 调试及试验文件 644 竣工验收文件 645 竣工图 646 设备文件 649 其他
7 科学研究 70 科技创新及技术进步 700 综合 701 成果申报材料 702 一般科技成果 71 科研课题 710 风电科研项目	7 科学研究 70 综合 71 科技创新 79 其他
8 项目建设 80 项目立项文件 800 项目核准 801 可行性研究 802 项目评估 809 其他	8 建设项目 80 综合
81 设计文件 810 综合 811 基础设计 812 初步设计 813 施工图 819 其他	81 项目前期 810 综合 811 项目立项核准 812 项目可研 813 专项评价 814 建设用地（用海） 815 招投标 816 合同 817 开工准备 819 其他
82 项目准备文件 820 综合 821 建设用地 822 招投标文件 823 合同文件 824 开工准备文件 829 其他	82 项目设计 820 综合 821 基础设计 822 初步设计 823 施工图设计 824 专项设计 825 设计服务 826 设计总结 829 其他

NB/T 31021—2012 分类表	NB/T 31021—2024 分类表
83　项目管理文件 830　综合 831　资金管理 832　施工管理 833　质量监督 834　物资管理 835　工程会议纪要、简报、报表 839　其他	83　项目管理 830　综合 831　安全管理 832　质量管理 833　进度管理 834　投资管理 835　质量监督 836　物资管理 839　其他
84　风电施工文件 840　施工综合文件 841　风力发电机组建筑安装工程 842　升压站设备安装调试工程 843　场内电力线路工程 844　中控楼和升压站建筑工程 845　交通工程 849　其他工程	84　项目施工 840　综合 841　风力发电机组工程 842　中控楼和升压站建筑工程 843　升压站电气设备安装工程 844　场内集电线路工程 845　送出工程 846　交通工程 847　专项工程 848　配套工程 849　其他
85（空）	85　调整试验与试运行 850　综合 851　风电场区设备调试 852　升压站电气设备调试 853　启动试运行 854　性能试验 859　其他
86　监理文件 860　综合 861　施工监理文件 862　设计监理文件 863　设备监造文件	86　监理 860　综合 861　施工监理 862　设计监理 863　设备监造 864　专项监理 869　其他
87　试运调试文件 870　综合 871　调试文件 872　试验文件	87　竣工验收 870　综合 871　工程验收 872　专项验收 873　竣工决算与审计 874　达标与创优 875　工程后评估 879　其他

NB/T 31021—2012 分类表	NB/T 31021—2024 分类表
88 竣工文件	88 竣工图
880 综合	880 综合
881 竣工交接与验收文件	881 风力发电机组工程
882 工程总结	882 中控楼及升压站建筑工程
883 竣工决算与审计文件	883 升压站电气设备安装工程
884 达标考核与工程创优文件	884 场内集电线路工程
885 竣工图	885 送出工程
	886 交通工程
	887 专项工程
	888 配套工程
	889 其他
9 设备仪器	9 设备仪器
90 综合	90 综合
900 总的部分	
909 其他	
91 风力发电机组	91 风力发电机组
910 总的部分	910 综合
911 塔筒	911 塔筒
912 机舱	912 叶轮和机舱
913 叶轮	913 箱式变压器
914 箱式变压器	914 监控系统
915 风力发电机组集中监控系统	919 其他
919 其他	
92 变电站设备	92 升压站设备
920 总的部分	920 综合
921 变电站一次设备	921 一次设备
922 变电站二次设备	922 二次设备
923 通信及远动设备	923 通信及远动设备
924 直流系统及继电保护	924 直流系统及继电保护
929 其他	929 其他
93 其他系统设备	93 线路设备
930 总的部分	930 综合
931 水工设备	931 集电线路
932 采暖、通风	932 送出线路
933 消防、安防设备	939 其他
934 特种设备	
936 试验用仪器仪表及专用工具	
939 其他	

NB/T 31021—2012 分类表	NB/T 31021—2024 分类表
	94 生产辅助系统设备
	940 综合
	941 给排水设备
	942 采暖通风设备
	943 消防安防设备
	944 特种设备
	945 海工设备
	946 试验用仪器仪表及专用工具
	949 其他
	95 配套工程设备
	950 综合
	951 供热站设备
	952 储能设备
	959 其他

第二节　标准内容和适用范围

5. 标准规定了哪些内容？实施对象有哪些？

答： 标准"1 范围"说明了标准规定的内容和适用范围：本文件规定了风力发电企业科技文件、照片、实物及其电子文件归档、整理和移交要求。本文件适用于风力发电企业科技文件归档与整理工作。

NB/T 31021—2024 标准是风力发电企业科技文件归档与整理工作中需共同遵守的技术依据，标准针对性强，内容比较丰富，具有操作性，可以有效规范风力发电企业科技文件归档与整理工作。因此，风力发电企业，参与风电建设项目的建设、设计、监理、施工、调试单位和相关人员，均应贯彻执行本标准，并依据本标准开展和管理科技档案工作。

6. 本标准是否适用于海上风电科技文件归档与整理工作？

答： 标准"1 范围"规定：本文件适用于风力发电企业科技文件归档与整

理工作。

海上风电与陆上风电均是以风能发电的清洁能源，二者最大的区别是建设和运维的自然环境不同，一个在海上，一个在陆地。海上风力的项目建设和生产运维有自己的施工特点和运维模式，但与陆上风电工程的管控内容基本一致，科技文件的类别、来源和专业内容也基本相同，且标准附录 B 科技文件归档范围中列出了仅适用于海上风电归档的部分文件内容。

因此，本标准作为风电档案专业标准，归档文件内容和整理要求适用于海上风电科技文件归档与整理工作。

7. 本标准在实施过程中与其他标准规定存在差异怎么办？

答：标准"2 规范性引用文件"列出了本标准引用的一些标准规范名称，并说明其最新版本（包括所有的修改单）适用于本文件。

本标准在修订过程中，引用了现行档案标准和相关技术标准规范中的部分内容，使本标准既有风电科技档案工作专属的内容和特点，又与现行法律法规、标准规范保持一致。但随着时间的推移，引用的标准更新，或颁布新的档案标准、技术标准，会出现本标准与其他标准要求存在差异等问题。在执行本标准过程中，应注意不仅需满足本标准要求，尚应满足其他标准要求。

差异问题执行办法如下：

（1）归档范围问题。本标准附录 B 中未列出，但其他档案标准和相关技术标准中要求形成并归档的科技文件，应列入归档范围归档。

（2）本标准规定的内容与其他标准不一致时，宜结合实际情况，按照高标准、严要求执行。

（3）引用的标准内容有更新时，执行新引用标准内容。

第二章

术语和定义

本章主要围绕标准"3 术语和定义"相关内容进行解读。

8. 科技档案与项目档案有何异同?

答: 标准 3.1、3.2 阐述了科技档案的定义:科学技术文件是记录和反映科学研究、生产运营、项目建设活动和设备仪器运行、维护及其管理工作的文字、图表、声像等不同形式文件材料的总称,简称科技文件。科学技术档案是国家机构、社会组织以及个人从事各项社会活动形成的,对国家、社会、本单位和个人具有保存价值的,应归档保存的科技文件,简称科技档案。

根据《建设项目档案管理规范》(DA/T 28—2018):项目文件是在项目建设全过程中形成的文字、图表、音像、实物等形式的文件材料。项目档案是指经过鉴定、整理并归档的项目文件。

因此,科技档案与项目档案既有区别又有联系,区别是二者的产生领域不同,科技档案是企业在科学研究、生产运营、项目建设活动和设备仪器检修维护等活动中形成的,而项目档案是企业在项目建设过程中形成的,科技档案内容的外延要大于项目档案。但二者又是紧密相联的,项目档案移交归档后,成为企业科技档案的重要组成部分,企业科技档案包含项目档案。

9. 怎么理解电子文件和电子档案的定义?

答：标准 3.4、3.5 阐述了电子文件与电子档案的定义：电子文件是国家机构、社会组织或个人在履行其法定职责或处理事务过程中，通过计算机等电子设备形成、办理、传输和存储的数字格式的各种信息记录。电子档案是具有凭证、查考和保存价值并归档保存的电子文件。

相同的是，二者都是电子文件的一种形式。不同的是只有具有凭证、查考和保存价值并归档保存的电子文件才可以称为电子档案。电子文件范围更广，因此，电子文件转化为电子档案应满足两个条件：一是应具备凭证、查考和保存价值；二是履行归档流程并进行归档保存。

那么，具有凭证、查考和保存价值的电子文件，应具备哪些条件或满足哪些要求呢？根据《电子文件归档与电子档案管理规范》（GB/T 18894—2016）的解读，可以做如下理解：

（1）电子文件的形成过程应规范有效，如来源于企业应用的业务系统，按照规定程序拟制或办理形成，或通过数字摄录设备拍摄、录制生成。

（2）电子文件及其组件齐全完整，其内容与制发时一致并没有被恶意篡改。

（3）电子文件具有国家法律法规规定的原件形式，如公文为红头文件、有电子印章等。

（4）以规范的计算机文件格式存储，如以 OFD、PDF 等版式格式存储的电子文件，脱离业务系统或数字摄录设备后，电子文件内容与逻辑格式能正常、完整地呈现，支持向长期保存格式转换。

（5）采集、保存了有关电子文件内容、背景、结构和管理过程的基本元数据，并通过计算机文件名建立了元数据与电子文件的稳定关系。

（6）档案数字化形成的电子文件应与归档文件完全一致，并保持档案的成套性、系统性，电子文件编号应与纸质文件保持一致。

10. 什么是元数据? 数据内容主要包括哪些?

答: 本标准 3.6 引用了《电子文件归档与电子档案管理规范》(GB/T 18894—2016)中对元数据的定义:元数据是描述电子文件和电子档案内容、背景、结构及其管理过程的数据。从元数据的定义内容来看,元数据实现的环境主要是数字化的系统环境,数据内容主要包括:

内容元数据:题名、文件编号、责任者、时间、年度、保管期限等。

背景元数据:档号、计算机文件名、信息系统描述、固化信息等。

物理结构元数据:格式信息、计算机文件大小、存储位置等。

管理过程元数据:电子文件拟办和电子档案管理过程业务行为情况的记录等。

第三章

总 体 要 求

本章主要围绕标准"4 总体要求"相关内容进行解读。

11．如何做到科技档案工作与项目建设统筹规划，同步实施？

答：标准 4.1 规定：风力发电企业科技档案工作应与企业发展、项目建设统筹规划，同步实施。

科技档案工作是项目管理的重要组成部分，档案工作与项目建设统筹规划，同步实施是确保项目档案齐全完整、真实有效、准确规范的重要条件。那么，如何做到科技档案工作与项目建设统筹规划、同步实施呢？

（1）合同规定。建设单位在与参建单位签订合同时，对参建单位配备档案人员的资质能力提出明确要求，对项目文件与工程建设同步形成、同步收集、同步整理、按期归档和通过档案验收提出明确规定。使参建单位清楚建设单位对项目档案工作的要求并按照要求在工程前期对项目档案工作做出统筹规划。

（2）组织保障。建设单位和各参建单位档案工作应有分管领导、有归口管理部门和专职档案人员。建设单位应以档案工作全过程控制、全员参与为基本原则，建立以建设单位档案部门或工程管理部门为核心，由建设单位与工程相关部门人员、参建单位档案人员和技术人员组成的档案工作体系。使档案工作有领导决策指挥，有档案部门监督指导，有工程管理部门技术支持，各单位档案工作协同联动，同步实施。

（3）统一制度、统一标准。建设单位针对项目实际情况，制订工程质量管理制度和项目档案管理规定，明确项目文件形成、收集、整理、归档要求。在项目开工之前向建设、参建单位相关人员进行工程质量管理规定和档案管理规定交底。参建单位根据建设单位的规定要求，制定本单位工程质量管理规定和项目档案管理实施细则，建设单位、参建单位按照统一制度和标准，组织开展项目档案工作。

（4）同步管理。建设单位、参建单位工程管理部门和档案部门在工程建设过程中，全过程控制和管理项目文件的形成和管理情况。工程管理部门在进行工程质量验收时同步检查、签署项目文件，档案部门根据工程进度同步收集、整理项目文件。项目文件移交归档时，工程技术人员对文件的齐全完整、真实准确、规范系统情况进行审核，档案人员对项目文件的有效性、整理的规范性和系统性进行审核。达到项目文件与工程进度同步形成，项目文件与工程质量同步验收，档案验收与工程验收同步进行。

12. 建设单位依据什么编制项目档案管理制度？应包括哪些内容？

答：标准 4.1 规定：风力发电企业科技档案工作实行统一领导、统一管理、统一制度、统一标准。

建设单位制订的项目档案管理制度是非常重要的依据性文件，编制依据及内容如下：

（1）编制依据：

——《风力发电企业科技文件归档与整理规范》（NB/T 31021）；

——《建设项目档案管理规范》（DA/T 28）；

——各参建单位工程合同；

——相关标准规范。

（2）包含但不限于以下主要内容：

——编制目的及适用范围；

——编制依据；

——术语和定义；

——项目档案工作组织机构及工作内容；

——建设单位、参建单位项目档案工作职责；

——项目文件质量要求；

——项目文件归档范围要求；

——项目文件整理要求；

——项目文件归档、审核、移交要求；

——项目档案工作考核；

——附录、附表。

13. 参建单位编制项目档案管理实施细则应包括哪些内容？编制时应注意什么问题？

答：项目档案管理实施细则是各参建单位在建设单位项目档案管理制度的框架下，针对本单位承担的工程内容而编制的档案工作具体实施规范，是统一制度、统一标准的具体体现。

参建单位项目档案管理实施细则主要内容应包括：

（1）工程概况。

（2）本单位承担的工作内容或施工范围。

（3）编制依据。

（4）项目档案管理机构及管理职责。

（5）项目文件形成质量控制。

（6）项目文件归档范围（工程各节点应形成哪些项目文件）。

（7）项目文件整理（包括分类方案）。

（8）项目文件归档要求。

（9）项目档案工作考核。

（10）其他需明确的内容。

（11）附录、附表。

参建单位编制项目档案管理实施细则应依据国家、行业档案管理标准和建设单位档案管理制度要求，结合本工程实际情况编制，内容应更加具体翔实，具有较强的操作性，能够指导本单位项目档案管理工作。不应照搬照抄《风力发电企业科技文件归档与整规范》（NB/T 31021）等相关标准条款。

14. 编制工程用表及工程表编码规则应注意哪些问题？

答： 工程用表及工程表编码规则，对规范项目文件形成具有决定性作用，是实行统一标准的具体体现之一。在编制过程中应注意以下问题：

（1）工程用表表式应齐全，包含工程建设过程中的所有表式。如报审表、监理文件用表、施工文件用表、验收文件用表、调试用表等。

（2）工程用表表式既要符合相关标准规范要求，又要符合工程实际。

（3）工程用表的编码规则应科学合理，体现文件形成来源、专业等特点，并具有唯一性。同时，编码规则应涵盖所有文件内容。

（4）应明确工程用表的填写要求以及检查单位和验收单位的规范用语。

工程用表及工程表编码规则一般应由监理单位组织编制并组织实施。

15. 为什么标准已有风力发电企业科技文件归档范围，仍要求风力发电企业编制科技文件归档范围？编制过程应注意哪些问题？

答： 标准 4.2 规定，风力发电企业根据实际情况制定档案管理制度和业务规范，编制本企业科技档案分类方案、科技文件归档范围和保管期限划分表。

标准 5.2.2 规定，风力发电企业科技文件归档范围见附录 B。

为什么标准已经制定了附录 B，仍要求风力发电企业编制科技文件归档范围呢？

科技文件归档范围作为科技文件形成和收集依据，对评价和衡量科技档案的齐全完整具有重要指导作用。标准附录 B 归档范围中列出的归档文件内容是截至本标准出版前根据相关国家标准和行业标准规定的主要归档文件。随着风电行业的发展，风电建设还会不断地出现一些新技术、新标准，归档文件内容也会有更新。加之每个企业实际情况不同，形成的科技文件的种类和内容也不尽相同，不可能千篇一律。因此，各企业应依据本标准附录 B 编制符合本企业实际情况、符合其他相关标准规定的科技文件归档范围。项目建设阶段的各参建单位亦是如此。

科技文件归档范围编制过程应注意以下问题：

（1）风力发电企业或各参建单位编制科技文件归档范围时，应由档案部门牵头，各业务（职能）部门参加，经部门负责人审核后提交档案部门汇总。编制人员应具有较强的专业知识和理解、分析能力，应熟悉部门、岗位、专业领域的工作内容和工作标准。

（2）标准附录 B 归档范围中列出的归档文件内容仅是主要归档文件，未概括所有归档文件内容。对于其他相关标准要求形成的、对企业和单位有保存价值的科技文件仍要纳入归档范围。

（3）标准附录 B 内容较详细、操作性较强。但不是所有风力发电企业、项目单位必须将附录 B 表中列出的所有文件内容纳入归档范围。切记生搬硬套，应根据单位、项目实际情况科学制定本单位科技文件归档范围。

16. 档案验收应具备哪些条件?

答: 标准 4.3 规定了风力发电企业应组织开展建设项目档案验收工作。

根据《风电场工程档案验收规程》(NB/T 31118—2017)规定,工程档案验收应具备以下条件:

(1)工程应按照设计完成施工并全部投入生产和使用。

(2)工程应通过 240h 试运行考核,并完成了工程移交生产验收。

(3)竣工图文件已编制完成,并经监理单位审核确认合格。

(4)基本完成了工程项目文件的收集、分类、组卷、编目等整理工作,并符合国家现行标准《科学技术档案案卷构成的一般要求》(GB/T 11822)、《建设项目档案管理规范》(DA/T 28)、《风力发电企业科技文件归档与整理规范》(NB/T 31021)的规定。

(5)项目档案归档和移交工作已完成。

17. 项目档案验收由谁组织?验收程序是怎样的?

答: 项目档案验收是项目竣工验收的重要组成部分,风电场工程项目档案专项验收一般由项目上级主管单位组织,亦可由项目核准地地方档案行政管理部门组织。

风电场工程项目档案验收程序应包括验收申请、验收准备、现场验收和验收意见落实。具体内容如下:

(1)验收申请:建设单位在确认工程已具备档案验收条件时,应向验收组织单位提交风电场工程档案验收申请,并附风电场工程档案验收申请表和建设单位自检报告。

(2)验收准备:验收组织单位接到建设单位档案验收申请后,同意到现场验收,出具验收批复文件和相关要求,建设单位根据验收组织单位的要求,准备相关材料，做验收准备。

（3）现场验收：风电场工程档案现场验收工作应包括验收组预备会议、首次会议、现场察看、档案检查、验收组内部会议、末次会议等工作流程。

在首次会议前应召开验收组预备会议，由验收组组长主持，验收组全体成员参加。验收组预备会议主要包括验收工作要求、安排、分工等内容。

首次会议应由验收组组长主持，验收组全体成员，建设、监理和施工等参建单位参加会议。会议宜包括以下内容：

1）宣布验收组组成人员名单。

2）说明验收主要依据、主要程序及工作安排。

3）听取建设、监理和施工等单位工程档案管理及自检情况汇报。

末次会议应由验收组组长主持，验收组全体成员、建设、监理和施工等参建单位参加会议。会议宜按下列步骤进行：

1）验收组组长介绍验收工作实施情况。

2）验收组宣读档案验收意见。

3）验收组专家点评存在的问题。

4）验收组征求参建单位意见。

5）建设单位做表态发言，针对存在的问题提出整改计划。

6）验收组成员在档案验收组成员签字表上签字。

（4）验收意见落实：通过验收后，验收组织单位应向建设单位印发档案验收意见。建设单位按照验收意见对存在的问题进行整改，并将整改结果报验收组织单位备案。

18. 项目档案验收首次会议需要哪些单位汇报？汇报材料应包括哪些内容？

答： 根据《重大建设项目档案验收办法》（国家档案局档发〔2006〕2号文）、《风电场工程档案验收规程》（NB/T 31118—2017）要求，建设、设计、监理、施工、调试等单位均应参加项目档案验收会，并在首次会议上做项目档案工作自检情况汇报。

建设、监理、设计、施工、调试等单位汇报材料应参照相关标准要求，根据本单位实际情况编制。

（1）建设单位档案验收汇报材料应包括的主要内容：

1）工程概况：包含但不限于工程名称、工程地点、工程规模、工程投资、参建单位，项目核准、工程开工、并网发电、专项验收等关键节点时间和基本过程，项目划分情况及质量验收情况等。

2）工程档案管理（项目档案工作开展与管理）：包含但不限于档案管理依据，建设单位现场档案管理机构设置和专兼职档案人员配备情况等，建设单位档案管理制度建设情况，建设单位对各参建单位档案管理人员的培训及归档管理要求，为保证归档文件材料的完整、准确、系统所采取的管理措施，全过程跟踪管控工作内容等。

3）项目文件收集、整理与归档：包含但不限于归档范围及分类方案，组卷要求及案卷编目方法，竣工图的编制情况及质量状况，各类工程档案数量等。

4）档案保管及综合利用：包含但不限于档案保管的库房条件、硬件设施及安全保管的各项措施，档案利用情况及利用效果等。

5）档案信息化建设：包含但不限于配备的档案管理软件，档案全文数字化工作，与本单位信息化工作同步开展情况，是否提供网络服务等。

6）档案自检情况、存在的问题及改进措施：包含但不限于建设单位组织监理、施工等单位开展档案自检工作的情况，档案自检工作中发现的问题、改进措施及落实情况等。

7）综合评价：包含但不限于建设单位对本工程档案的管理，档案的完整性、准确性和系统性，档案安全、利用和信息化进行评价。

（2）监理单位档案专项验收汇报材料应包括的主要内容：

1）工程概况：包含但不限于工程规模、监理合同工作范围等。

2）工程档案管理：包含但不限于档案管理依据，本工程现场档案管理机构、主要管理人员、档案管理制度等。

3）监理文件收集与整理：包含但不限于监理文件收集范围，按照建设单位要求对监理文件进行分类、组卷、编目情况，案卷数量及分类统计情况等。

4）项目文件技术审核：包含但不限于对施工文件的收集整理进行指导监督情况，对项目文件的完整、准确、系统性审核情况，对竣工图文件的技术审查情况，对施工文件移交前的技术审核情况等。

5）监理文件的归档移交：包含但不限于向建设单位归档移交档案情况、档案案卷数量等。

6）档案自检情况、存在的问题及改进措施：包含但不限于档案自检工作开展情况、自检工作中发现的问题及改进建议。

7）综合评价：包含但不限于监理单位对本工程档案的综合评价。

（3）设计单位档案专项验收汇报材料可参照以下内容编写：

1）工程概况：包含但不限于工程规模、设计合同工作范围等。

2）工程档案管理：包含但不限于档案管理依据，本工程现场档案管理机构、主要管理人员、档案管理制度等。

3）设计文件收集与整理：包含但不限于设计文件收集范围，按照建设单位要求对设计文件进行分类、组卷、编目情况，案卷数量及分类统计情况。

4）竣工图编制与审核情况：包含但不限于竣工图汇总情况、设计变更通知汇总情况、重要设计优化变更情况、施工过程中主要设计变更情况、竣工图汇总情况等，对竣工图的完整、准确性审核情况。

5）设计文件的归档移交：包含但不限于向建设单位归档移交档案情况。

6）档案自检情况、存在的问题及改进措施：包含但不限于档案自检工作开展情况、自检工作中发现的问题及改进建议。

7）综合评价：包含但不限于设计单位对本工程设计文件、竣工图的综合评价。

（4）工程总承包单位承包范围如果包括勘察、设计，档案专项验收汇报材料应包括勘察、设计相关内容；工程总承包如果不包括勘察、设计，档案专项验收汇报材料可参照以下内容编写：

1）工程概况：包含但不限于工程规模、工程总承包范围、建设管理模式，工程分包、工程项目划分等情况。

2）工程档案管理：包含但不限于工程档案管理体系、档案工作机构设置和专兼职档案人员配备、档案管理制度建设等情况，对分包单位档案管理人员的培训及归档管理要求，保证工程档案完整、准确、系统、安全所采取的控制措施。

3）文件收集与整理：包含但不限于工程总承包文件收集范围，为文件收集与整理配备的资源，对工程总承包文件进行收集、整理情况，竣工图文件的编制情况，形成的案卷数量等。工程分包单位文件收集、整理情况。

4）文件移交与归档：包含但不限于工程总承包向建设单位归档移交文件情况，移交案卷数量。工程分包向建设单位归档移交文件情况，移交案卷数量等。

5）竣工档案自检、存在的问题及解决措施：包含但不限于档案自检工作开展情况，检查中发现的问题、改进措施及落实情况。

6）综合评价：包含但不限于工程总承包单位对本单位和分包单位工程档案的完整性、准确性、系统性进行评价。

（5）调试单位档案专项验收汇报材料可参照以下内容编写：

1）工程概况：包含但不限于工程规模、调试合同工作范围等。

2）工程档案管理：包含但不限于档案管理依据，本工程现场档案管理机构、主要管理人员、档案管理制度等。

3）调试文件收集与整理：包含但不限于调试文件收集范围，按照建设单位要求对调试文件进行分类、组卷、编目情况，案卷数量统计情况。

4）调试文件审核情况：包含但不限于对调试文件的完整性、准确性审核的情况。

5）调试文件的归档移交情况。

6）档案自检情况、存在的问题及改进措施。

7）综合评价：包含但不限于调试单位对本工程设备、系统运行情况、性能指标进行综合评价。

第四章
科技文件归档

本章主要围绕标准"5.1 归档职责""5.2 归档范围""5.3 归档时间""5.4 归档份数"相关内容进行解读。

第一节 归 档 职 责

19. 如何明确风力发电企业各职能部门归档职责?

答:本标准 5.1.2～5.1.4 规定了风力发电企业在电力生产、科研、建设项目活动中形成的科技文件归档职责。如何将归档职责落实到各职能部门或落实到责任人呢?

根据《企业档案工作规范》(DA/T 42—2009)5.2.2 规定:企业应将文件形成、积累和归档要求纳入各部门、项目及专项工作职责和有关人员岗位职责,并对分管领导、部门和项目负责人及有关人员职责履行情况进行考核。因此,企业职能部门在制定岗位职责时,应将科技及其他文件归档内容纳入到部门负责人和专业人员岗位职责,明确规定各职能部门负责人应对本部门形成的或本部门负责承办的归档文件的完整和系统负责,各职能部门文件形成者或承办人,应负责积累文件并负责归档,对归档文件的齐全、准确和形成质量负责。同时,企业档案部门应制订科技及其他档案归档考核制度，对各职能部门归档职责履行情况进行监督考核。

20. 建设单位工程管理部门在项目建设过程中应履行哪些档案工作职责?

答：建设单位工程管理部门是工程质量管理的核心部门，工程质量包括工程实体质量和反映工程建设过程的项目文件质量，工程实体和项目文件是相互印证、密不可分的两个部分。因此，建设单位工程管理部门在项目建设过程中应履行以下档案工作职责：

（1）负责对本部门形成或承办的项目文件的积累、检查、归档工作。

（2）负责检查各参建单位项目文件是否与项目建设进度同步形成，负责检查项目文件的完整、准确、规范情况，对存在的问题督促整改。

（3）配合档案部门检查、指导项目档案工作，对档案部门提出的问题督促责任单位整改。负责沟通协调项目档案归档工作。

参加项目档案验收，对存在的问题，负责落实整改责任并负责整改成果检查。

21. 建设单位档案部门在项目建设过程中应履行哪些档案工作职责?

答：建设单位档案部门在项目建设过程中应履行以下职责：

（1）依据相关档案标准和项目实际情况，制订项目档案管理制度，明确项目文件的形成、审核、收集、整理、归档要求，指导各参建单位制定项目档案管理实施细则。

（2）建立以档案管理机构为核心，工程管理相关部门和各参建单位参与的项目档案管理工作网络体系，建立沟通协调机制，定期组织网络成员开展项目档案管理工作。

（3）项目开工前，档案管理部门应对参建单位相关人员进行项目档案管理规定交底；项目建设过程中，参加项目建设的重要会议、重大活动、重要设备开箱验收、阶段性检查和竣工验收，检查、指导项目文件的整理和归档工作，对项目文件形成和归档进行全过程管理。

（4）负责收集、整理及归档本单位在项目建设活动中形成或承办的文件，负责审查、接收参建单位移交的项目档案，并统一汇总整理、系统编制检索工具。

（5）项目竣工后，向上级档案管理部门或档案行政管理单位申请档案专项验收，组织各参建单位参加验收工作，并落实对相关问题的整改和完善。

22. 建设单位档案交底内容与交底对象有哪些?

答：标准 5.1.4.1 规定，建设单位应负责项目档案管理规定交底。档案交底应包括如下内容：

（1）项目档案工作组织机构及工作内容。

（2）建设单位、参建单位项目档案工作职责。

（3）项目文件质量要求。

（4）项目文件归档范围要求。

（5）项目文件整理要求。

（6）项目文件归档、审核、移交要求。

档案交底对象：本项目建设、监理、设计、施工、调试、设备厂家等单位工程负责人、技术负责人、专业技术人员、专兼职档案人员及与项目建设有关的其他单位和人员。

项目档案管理规定交底会议应形成交底记录和交底会议签到表，并归档保存。

23. 建设项目设计单位应履行哪些档案工作职责?

答：建设项目设计单位应履行以下职责：

（1）按照国家、行业有关规定，形成合同约定范围内的勘察、设计文件，包含但不限于施工图纸、竣工图纸、设计变更等项目管理文件、设计服务文件等。按照合同约定编制竣工图的，应对竣工图的完整、准确负责，并组织各专业设计人员编制规范有效的《竣工图编制总说明及总目录》，与竣工图一起提交建设单位。

（2）负责收集、整理本单位形成的所有项目文件，自查合格后提交监理单位和建设单位审核，经审核合格后移交建设单位和本单位档案部门归档。

24. 建设项目监理单位应履行哪些档案工作职责？

答：建设项目监理单位应履行以下职责：

（1）建立本单位项目档案工作组织，配备专职档案工作人员，制定档案管理制度，监督、检查、指导各参建单位项目档案管理工作。

（2）负责组织各参建单位确定工程用表及项目文件编码体系，审核各参建单位编制的项目档案管理实施细则，报建设单位审批并组织参建单位执行。

（3）按照监理规范和档案管理要求，形成合同约定范围内的工程监理文件，并负责收集、整理，移交建设单位和本单位档案部门归档。

（4）负责审查其他参建单位形成的项目归档文件的完整性、准确性、系统性、有效性和规范性，并编制项目文件、竣工图审核报告，移交建设单位归档。

25. 建设项目总承包单位应履行哪些档案工作职责？

答：建设项目总承包单位应履行以下职责：

（1）建立本单位项目档案工作组织，配备专职档案工作人员，制定符合项目实际情况的档案管理实施细则，提交监理单位和建设单位审核确认，并组织本单位和分包单位实施，统筹管理分包单位档案工作。

（2）负责收集、整理本单位在工程建设活动中形成或承办的所有项目文件，自查合格后提交监理单位和建设单位审核，移交建设单位和本单位档案部门归档。

（3）负责监督、指导分包单位根据工程施工进度同步形成项目文件，指导分包单位完成项目文件的整理工作，并负责对项目文件的完整、准确、规范和有效性进行检查，签署审查意见。审查合格后提交监理和建设单位审核，移交建设单位归档。

26. 建设项目施工单位应履行哪些档案工作职责？

答： 建设项目施工单位应履行如下档案工作职责：

（1）根据合同约定的工程施工范围，制定与工程实际相符的项目档案管理实施细则，接受总承包、监理和建设单位对档案工作的监督、检查和指导。

（2）应根据工程进度同步形成项目文件，项目文件应真实、准确反映工程施工情况，工程用表及填写应符合规范要求。

（3）收集、整理施工中形成的项目文件，自查合格后提交总承包、监理和建设单位审核，审核合格后移交建设单位和本单位档案部门归档。

27. 建设项目调试单位应履行哪些档案工作职责？

答： 建设项目调试单位应履行如下档案工作职责：

（1）形成现场项目管理文件和合同范围内项目调整、试验文件。调整、试验文件应符合现行国家、行业标准规范要求，内容翔实有效，真实反映系统效率、设备性能参数等实际状况。

（2）收集、整理本单位形成的项目文件和外委试验单位形成的项目文件，提交监理、建设单位审核合格后，移交建设单位和本单位档案部门归档。

第二节　归档范围、时间、份数

28. 建设项目工期较长，项目文件可否按阶段归档？

答：标准 5.3.4 规定：新建、扩建项目文件，应在项目全容量并网三个月内归档。对于工期较长的项目，可按标段或单位工程竣工后三个月内分批移交归档。

因此，对于工期较长的项目，项目建设单位可根据项目实施进展，对同步形成、完整真实、规范整理的阶段性项目档案，自检合格并通过建设、监理、总包三方审核合格后，按标段或单位工程提前分批移交归档。

29. 科技文件归档份数和保管单位如何确定？

答：标准 5.4.1、5.4.2 规定：归档文本文件宜一式一份，设备文件、竣工图宜一式两份。对于利用频繁的文件，可根据需要增加份数。

科技文件归档份数应视具体情况确定，如发电企业本部、项目单位、运维单位已实现档案数字化管理，归档文本文件可一式一份，并由发电企业统一保管；如企业档案管理未全部实现数字化管理，归档文件宜按以下要求执行：

（1）电力生产日常巡检、工作票、操作票等短期保管的科技文件，建议文本文件归档一份，根据实际管控情况，由发电企业或运维单位保管；其他文本文件归档一式两份，由发电企业和运维单位各保管一份。

（2）科研文件归档一式一份，由发电企业统一保管。

（3）建设项目前期、设计、施工、监理、调试、竣工验收文件归档一式两份，发电企业保管一份正本，运维单位保管一份副本。

（4）竣工图、设备文件归档一式三份，发电企业保管一份正本，运维单位保管两份副本。

第五章

归档文件质量

本章主要围绕标准"5.5 归档文件质量"相关内容进行解读。

第一节 基 本 要 求

30. 如何理解科技文件齐全完整、准确规范、真实有效的内容和含义?

答: 标准 5.5.1 规定:科技文件应齐全完整、准确规范、真实有效。这是归档科技文件的质量目标,主要内容如下:

(1)齐全完整。

1)企业在生产、科研、基本建设活动中每个环节、每个事项、每个问题形成的科技文件,门类、载体及收集范围应齐全,并能够互相支撑、相互追溯。例如,建设项目从项目立项到竣工验收,每个阶段、每个责任主体形成的文件应根据归档范围和保管期限表收集齐全,不仅有纸质档案,还应有实物档案、音像档案、电子档案等,确保不缺项、不漏项。

2)遵循科技文件的形成规律,保持科技文件之间的有机联系,确保相互联系紧密的科技文件完整,例如请示与批复文件、缺陷处理与整改闭环文件等。

3)每份科技文件组件应齐全,不能缺张少页,如文件附件、会议签到表等,同时将已破损文件应予修整，字迹模糊或易褪变的文件应采取字迹固定、恢复、复制等保护措施。

（2）准确规范。科技文件记载的内容、数据、图示应与实际情况相符。表示文件的格式与填写应符合国家、行业有关技术规范、标准和规程的要求。例如，施工记录的格式、数据及填写应与施工情况相符且满足相关标准要求。

（3）真实有效。科技文件应是企业在生产、科研、基本建设等活动中直接形成和办理的文件，真实反映活动的实际情况；文件形成应履行管理程序，各签字环节为本人亲笔签名，印章完备，文件应为原件。例如，施工记录是施工过程中形成的原始记录，而不是施工完成后根据图纸或标准补做出来的。

31. 科技文件对签字、盖章有什么要求?

答：标准 5.5.1 规定：科技文件签字及盖章完备。具体要求如下：

（1）签字包括在科技文件上签署意见、签名、签署日期等。签署意见应明确，用语应规范；签名人应是责任单位负责或直接参与此项工作且具备相关资质、符合相应职责权限的责任人员，签名应由本人亲自签署，字迹清晰、工整，不可书写艺术字体，不可名章代签；签署日期应真实准确，年月日应齐全完整。

（2）盖章应符合标准规范要求，需要盖单位公章的项目文件，不可以项目部公章代替；公章应盖在单位名称居中位置或文件中标注盖章的位置。

32. 科技文件的记录载体和方式有哪些要求?

答：标准 5.5.2 规定：科技文件应字迹清楚，图样清晰，记录载体和方式应符合档案耐久性保存要求。具体要求如下：

（1）应选择耐久、可靠的载体形式和记录方式。文字、表格类文件所用的纸张应是 70g 以上的 A4 纸（297mm×210mm），书写应使用黑色或深蓝色墨水，禁止使用铅笔、圆珠笔或纯蓝墨水笔书写。

（2）打印机打印的文件应字迹清晰牢固，严禁存在脱墨或墨不均匀现象；墨粉浓度不宜太大，颜色也不宜太深，减少文件粘连的概率。

（3）图纸应是专用设备晒制的蓝图或绘图仪绘制的白图。

（4）尺寸大的文件要折叠整齐，尺寸小的要粘贴在 70g 以上的 A4 纸上，有破损的应予修裱。

（5）文件材料中不能有金属物，以防生锈腐蚀文件。

33. 科技文件是复制件怎么办?

答：标准 5.5.3 规定：科技文件应原件、正本归档。无原件归档的文件，应在复制件首页说明原件存放单位，并加盖原件存放单位或复制件提供单位公章，确保与原件一致。

科技文件原件归档是保证档案的原始性、有效性的基本要求。但在科技文件收集和归档工作中，存在一些复制件归档问题。对于合规性证明等重要的具有凭证作用的科技文件，应跟踪收集原件归档，如确无原件归档，应在复制件首页签署原件档号并加盖原件存放单位公章，确保复制件与原件一致，同时保证原件可追溯。常见的复制件加盖公章情形如下：

（1）建设项目各参建单位企业资质和管理人员资质复印文件应盖参建单位公章。

（2）供货商、试验、检测单位企业资质复印文件应盖原件持有单位公章，同时盖与其签署合同的使用单位公章。

（3）特殊工种人员资质复印文件应盖与之签署合同的用人单位公章。

（4）供货商提供的厂家出厂质量证明文件复印件，应盖供货商公章，加盖与之签署合同的使用单位公章。

（5）其他复印文件，应盖原件保存单位公章，确认复印件与原件一致。

34. 归档科技文件没有规范参考表式怎么办？

答：标准 5.5.4 规定：用于记录专业施工与验收的表格式文件，应符合相关技术标准要求，表格中不需要填写内容的部分应划"/"线，表格下半部分无内容宜标注"以下空白"。

在实际工作中，部门科技文件技术标准没有规定具体表式，但规定了具体内容要求。参建单位应依据相关标准规范和企业规定等要求，编制文件表式，形成相关科技文件。

例如，《风力发电工程施工与验收规范》（GB/T 51121—2015）7.2.2～7.2.5 明确规定了电气设备单体调试、站内电气系统调试内容，7.2.6 明确规定电气设备调试完成后应编写调试报告。但标准中没有调试记录和调试报告的参考表式，这种情况是不是可以不编写调试记录和调试报告了呢？答案是否定的。调试单位应根据项目调试实际情况，编制调试记录和调试报告，根据调试试验结果与设备设计参数和性能指标进行比对，对设备和系统调试结果做出结论性意见。

例如，《海上风电场升压站运行规程》（NB/T 10322—2019）4.3.2 规定，运行记录包括气象与海况记录、设备间环境状态记录、基础状态记录、防腐检查记录等，每种记录也规定了具体内容，但标准并未给出记录的具体表式，运行管理单位应根据标准和设备厂家要求，编制记录表式，运行单位据实填写。

35. 哪些科技文件需要闭环管理？

答：标准 5.5.5 规定：需要闭环管理的科技文件，执行单位应按质量管理要求编制闭环文件。

闭环文件是需要反映在建设项目的安全、质量、进度等工程管理过程中存在问题的整改情况的重要项目文件，是一组有密切联系的文件，如设计变更单与设计变更执行反馈单、监理工程师通知单与监理工程师通知单回复单、设备缺陷处理通知单与设备缺陷处理整改回复单、质量监督站监检意见书与质量监督检查整改单、专项工程施工方案评审意见与专项工程施工方案评审意见整改说明等，是一个完整的整体，直接反映了工程施工过程中存在的问题和整改情况，缺一不可。

第二节　特定文件表式及内容规定

36. 法定代表人授权书和工程质量终身承诺书采用什么表式?

答：根据中华人民共和国住房和城乡建设部《关于严格落实建筑工程质量终身责任承诺制的通知》（建办质〔2014〕44 号）要求，建设项目各参建单位项目负责人应对工程质量做出终身责任承诺，并出具了法定代表人授权书（附件 1）和工程质量终身责任承诺书（附件 2）的式样。《建设工程项目管理规范》（GB/T 50326—2017）4.2.3 规定：项目管理机构负责人应在工程开工前签署质量承诺书，报相关工程管理机构备案。

因此，建设项目各参建单位项目负责人在开工前应签署质量承诺书，法定代表人授权书和质量承诺书应纳入归档范围，表式可参考建办质〔2014〕44 号文附件 1、附件 2 执行，如图 1、图 2 所示。

附件 1

法定代表人授权书

（式样）

兹授权我单位__________（姓名）担任____________________工程项目的(建设、勘察、设计、施工、监理)项目负责人，对该工程项目的(建设、勘察、设计、施工、监理)工作实施组织管理，依据国家有关法律法规及标准规范履行职责，并依法对设计使用年限内的工程质量承担相应终身责任。

本授权书自授权之日起生效。

被授权人基本情况			
姓　名		身份证号	
注册执业资格		注册执业证号	
	被授权人签字：		

授权单位（盖章）：__________

____

法定代表人（签字）：__________

授权日期：_____年___月___日

图 1　法定代表人授权书

附件 2

工程质量终身责任承诺书

（式样）

本人受____________________单位（法定代表人________）授权，担任____________________工程项目的(建设、勘察、设计、施工、监理)项目负责人，对该工程项目的(建设、勘察、设计、施工、监理)工作实施组织管理。本人承诺严格依据国家有关法律法规及标准规范履行职责，并对设计使用年限内的工程质量承担相应终身责任。

承诺人签字：__________

身份证号：__________

注册执业资格：__________

注册执业证号：__________

签字日期：_____年__月__日

图 2　工程质量终身责任承诺书

37. 原材料跟踪台账应体现哪些内容?

答: 原材料跟踪台账是记录原材料类别、生产厂家、规格型号、质量证明文件、到货时间、到货数量、使用部位等原材料详细信息的表格式文件,是建设项目原材料管理的重要工具。原材料跟踪台账应包括原材料基本信息、采购信息、入库信息、使用信息、出库信息等,是跟踪、追溯原材料质量和使用情况的有效手段,同时对检验检查原材料质量证明文件归档是否齐全完整、归档文件整理排序具有重要参考作用。

原材料跟踪台账应按照原材料到场时间和工程使用时间同步形成,动态管理。风电项目原材料种类较多,如钢筋、混凝土、高强螺栓、电缆、光缆、防腐材料、防火材料等,工程材料管理负责人应根据项目使用材料的实际情况编制原材料跟踪台账,内容应全面、翔实、准确、真实,并与采购、试验等关联文件能够相互支撑、相互追溯。

风电项目土建工程主要原材料通常是钢筋和预拌混凝土(简称"商砼"),其跟踪台账可参照图3、图4内容编写。

钢筋跟踪台账

单位:t/m³

施工单位名称:																
序号	材料类别	生产厂家	批号	规格型号	报审编号	出厂合格证编号	到货日期	到货数量	复试报告编号	出库日期	出库数量	使用部位	领料人	库存数量	备注	

图 3 钢筋跟踪台账

商砼跟踪台账

序号	材料名称	砼标号	供货量	供货单位	商砼出厂合格证编号	商砼配合比编号	交货单编号	复检报告编号	浇灌数量	浇灌日期	单位工程编码	浇灌部位

图 4 商砼跟踪台账

38. 如何编制设计更改执行情况登记表?

答: 设计更改执行情况登记表主要是记录设计更改情况和设计变更执行情

况的表格式文件。编制设计更改执行情况登记表，首先应确定表格应包括哪些内容，然后按照专业、变更发生的时间、执行情况等顺序实时登记。登记过程中需注意应包含所有设计更改文件，如设计变更通知单、工程联系单、图纸会审等，并确认所有变更内容是否全部执行。

设计更改执行情况登记表可参照图 5 编制。

设计更改执行情况登记表

单位工程名称

序号	设计更改文件编号	设计更改文件名称	提出单位	提出日期	变更性质	变更对应图纸卷册号、图号	更改内容	设计变更执行情况	设计变更执行反馈单编号	备注

图 5 设计更改执行情况登记表

39. 如何编制施工现场质量管理检查记录？编制过程需注意哪些问题？

答：标准附录 2 规定施工现场质量管理检查记录应纳入归档范围，《建筑工程施工质量验收统一标准》（GB 50300—2013）、《电力建设施工质量验收规程 第 1 部分：土建工程》（DL/T 5210.1—2021）对施工现场质量管理检查记录的编制做了明确规定。

施工现场质量管理检查记录应在单位工程开工前由施工单位项目负责人填写，总承包单位项目负责人和监理单位总监理工程师进行检查，并应做出检查结论，按照《电力建设施工质量验收规程 第 1 部分：土建工程》（DL/T 5210.1—2021）规定的表式内容填写，如图 6 所示。

填写施工现场质量管理检查记录时应注意以下问题：

（1）工程名称：不应填写工程项目名称，应填写施工单位负责的工程名称，与合同或招标文件中的工程名称一致。

（2）施工许可证号：填写当地建设行政主管部门批准的施工许可证的编号。

（3）监理单位：填写监理合同中签章单位的全称，与签章上的名称一致。其他单位亦是如此。

DL/T 5210.1—2021

表 3.0.14 施工现场质量管理检查记录

开工日期：　　年　　月　　日

工程名称		施工许可证号（开工依据）		
建设单位		项目负责人		
监理单位		总监理工程师		
设计单位		项目负责人		
总承包单位		项目负责人		项目技术负责人
施工单位		项目负责人		项目技术负责人

序号	项目	主要内容
1	项目部质量管理体系	
2	现场质量责任制	
3	主要专业工种操作上岗证书	
4	分包单位管理制度	
5	图纸会检记录	
6	地质勘查资料	
7	施工技术标准	
8	施工组织设计、施工方案编制及审批	
9	物资采购管理制度	
10	施工设施和机械设备管理制度	
11	计量设备配备	
12	检测试验管理制度	
13	工程质量检查验收制度	
14	现场试验室资质	
15	质量通病预防措施实施计划	

自检结果： 施工单位项目负责人： 　　　　年　月　日	检查结论： 总承包单位项目负责人： 　　　　年　月　日	检查结论： 总监理工程师： 　　　　年　月　日

图 6 施工现场质量管理检查记录

（4）如一台风力发电机组划分为一个单位工程，且所有风机工程由同一个施工单位施工，则施工现场质量管理检查记录填写一份即可，不应按单位工程重复填写。

（5）如风力发电机组工程由多个施工单位施工，则应按照施工单位承包的工程范围分别填写。

40. 预拌混凝土发货单应主要包括哪些内容？

答：根据《预拌混凝土》（GB/T 14902—2012）10.3.3 规定，发货单应至少包括以下内容：

（1）合同编号。

（2）发货单编号。

（3）需方。

（4）供方。

（5）工程名称。

（6）浇筑部位。

（7）混凝土标记。

（8）本车的供货量。

（9）运输车号。

（10）交货地点。

（11）交货日期。

（12）发车时间和到达时间。

（13）供需双方交接人员签字。

41. 预拌混凝土出厂合格证应主要包括哪些内容？

答：根据《预拌混凝土》（GB/T 14902—2012）10.3.1 规定，预拌混凝土出厂合格证至少包括以下内容：

（1）出厂合格证编号。

（2）合同编号。

（3）工程名称。

（4）需方。

（5）供方。

（6）供货日期。

（7）浇筑部位。

（8）混凝土标记。

（9）标记内容以外的技术要求。

（10）供货量。

（11）原材料的品种、规格、级别及检验报告编号。

（12）混凝土配合比编号。

（13）混凝土质量评定。

42. 大体积混凝土测温报告应包括哪些内容？

答：根据《大体积混凝土温度测控技术规范》（GB/T 51028—2015）规定，大体积混凝土测温报告应包括以下内容：

（1）项目简介。包括：①工程概况；②混凝土强度等级、配合比、混凝土总量、浇筑厚度；③施工气候条件、混凝土浇筑时间、温度监测实施时间范围等。

（2）测温设备。包括：①测温仪器系统组成、功能、结果表达方式；②测温仪器及传感器测量范围、精度；③温度传感器布置方式。

（3）测试结果。包括：①测温期间混凝土内部最高温度、最大温差、平均日降温值；②降温措施及效果；③编制单位、时间。

（4）附件。包括：①测位、测点布置示意图；②测控系统示意图、测温曲线图。

第三节 特定文件用章要求

43. 哪些报审文件需要加盖总监理工程师执业印章？

答：《建设工程监理规范》（GB/T 50319—2013）、《风力发电工程建设施工监理规范》（NB/T 31084—2016）、《电力建设工程监理规范》（DL/T 5434—2021）

90

均规定了需加盖总监理工程师执业印章的文件。

（1）《建设工程监理规范》（GB/T 50319—2013）规定以下文件需加盖总监理工程师执业印章：

——工程开工令。

——工程暂停令。

——工程复工令。

——工程款支付证书。

——施工组织设计、专项施工方案、施工方案。

——工程开工报审表。

——单位工程竣工验收报审表。

——工程款支付报审表。

——费用索赔报审表。

——工程临时或最终延期报审表。

（2）《风力发电工程建设施工监理规范》（NB/T 31084—2016）规定以下文件需加盖总监理工程师执业印章：

——工程开工令。

——工程款支付证书。

——工程款、进度款支付报审表。

——工程延期报审表。

——施工组织设计，施工技术方案，超重机械（含船舶超重机械）拆装、吊装方案，金属结构与设备安装方案，安全技术方案。

——施工控制测量、线路复测成果报审表。

——分包单位、现场试验室、外委试验检测机构资质报审表。

——工程开工报审表。

——工程复工报审表。

——工程进度计划、调整进度计划报审表。

——安全防护、文明施工措施费用支付申请表。

——现场起重设备拆装报审表。

——现场超重机械、船舶验收核查表。

——工程报验单（检验批、分项、分部、单位工程预验收）。

——费用索赔申请表。

（3）《电力建设工程监理规范》（DL/T 5434—2021）规定以下文件需加盖总监理工程师执业印章：

——工程开工令。

——工程暂停令。

——工程款、工程竣工结算款支付证书。

——工程复工令。

——施工组织设计报审表。

——专项施工方案、调试方案、应急预案报审表。

——工程开工报审表。

——单位工程竣工报验表。

——工程款、工程竣工结算款支付报审表。

——费用索赔报审表。

——工程临时/最终延期报审表。

需要注意的是，以上三个监理规范的适用范围有所不同，《建设工程监理规范》（GB/T 50319—2013）是国家标准，所有建设项目监理工作均应参照执行；《风力发电工程建设施工监理规范》（NB/T 31084—2016）是针对风电建设的能源行业标准，风电建设项目施工监理工作应参照执行；《电力建设工程监理规范》（DL/T 5434—2021）是电力行业标准，电力建设工程监理工作应参照执行。因此，风电建设项目的监理工作应同时满足以上三个监理规范的规定要求，需根据项目实际情况确定需加盖总监理工程师执业印章的文件。

44. 工程监理规划应盖监理项目部公章还是监理单位公章?

答:《风力发电工程建设施工监理规范》(NB/T 31084—2016) 4.1.2 规定,监理规划应由总监理工程师主持、专业监理工程师参加编制,并由监理单位技术负责人批准。因此,工程监理规划应盖监理单位公章。

45. 工程施工组织设计应盖编制单位项目部公章还是单位公章?

答: 根据《建筑施工组织设计规范》(GB/T 50502—2009) 3.0.5 规定,施工组织设计应由项目负责人主持编制。施工组织总设计应由总承包单位技术负责人审批;单位工程施工组织设计应由施工单位技术负责人或技术负责人授权的技术人员审批。

因此,施工组织设计应盖编制单位公章。

46. 危险性较大工程专项施工方案应盖施工单位项目部公章还是单位公章?

答: 根据《危险性较大的分部分项工程安全管理规定》(中华人民共和国住房和城乡建设部令第 37 号)第十一条规定,危大工程专项施工方案由施工单位技术负责人审核签字、加盖单位公章;危大工程实行分包的,专项施工方案可由相关专业分包单位编制,由总承包单位技术负责人及分包单位技术负责人共同审核签字并加盖单位公章。

47. 竣工图章、竣工图审核章的使用有什么规定?

答: 标准 5.5.6 规定:竣工图应按 DA/T 28 规定编制,逐张加盖并签署竣工图章。

如果竣工图由施工单位编制,竣工图应加盖如下竣工图章,编制单位、监理单位相关人员在竣工图章上签字，如图 7 所示。

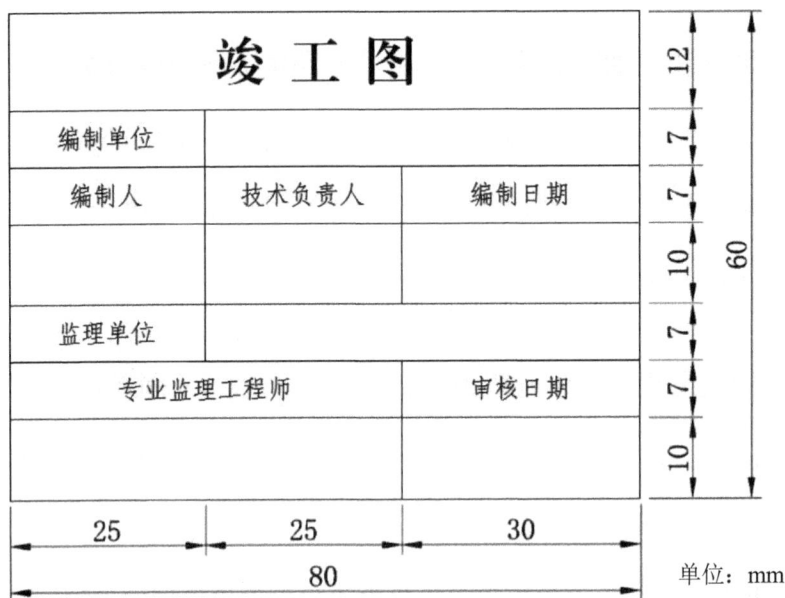

图 7　施工单位编制竣工图——竣工图章

如果竣工图由设计单位编制，竣工图可加盖设计院竣工图章，并逐张加盖竣工图审核章，监理单位相关人员在竣工图审核章上签字。竣工图章和竣工图审核章如图 8、图 9 所示。

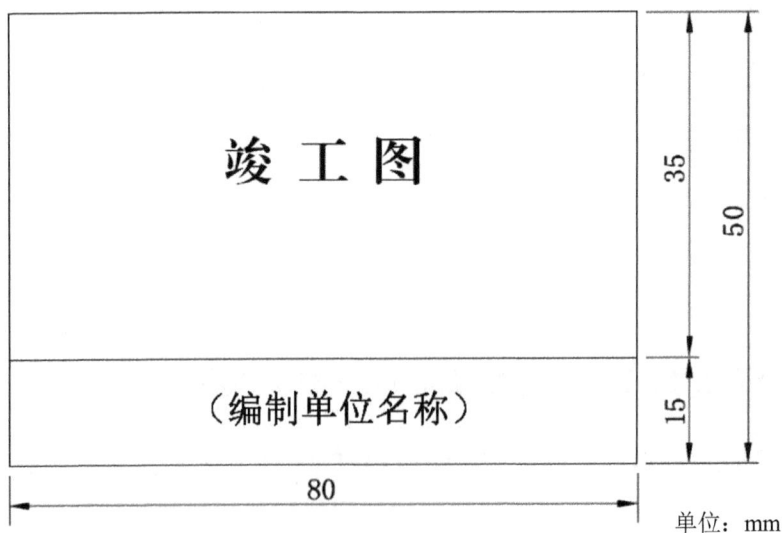

图 8　设计单位编制竣工图——竣工图章

图9　设计单位编制竣工图——竣工图审核章

竣工图章、竣工图审核章应用红色印泥，盖在竣工图标题栏附近空白处。

第四节　特定文件的编写要求

48. 编制项目部成立文件和项目部印章启用文件应满足哪些要求?

答：各参建单位通常以项目部的形式参加项目建设，项目部是各参建单位在现场成立的直接实施项目管理的单位。

《建设工程项目管理规范》（GB/T 50326—2017）4.3.3 规定：项目管理机构应在项目启动前建立，在项目完成后或按合同约定解体。从项目管理角度提出了各参建单位在项目启动前成立项目管理机构（项目部）；《建设项目档案管理规范》（DA/T 28—2018）明确了项目部成立文件和项目部印章启用文件应纳入归档范围，此次标准修订也将以上文件列入归档范围。

项目部成立文件和项目部印章启用文件是项目部代表参建单位在项目上合规工作的依据性文件，文件应具有凭证和法定效力。应符合以下要求：

（1）项目部成立文件和项目部印章启用文件应为参建单位公司领导根据职责范围制发具有法定效力并设有特定版头的公文。

（2）项目部印章启用文件应附印模，印章应为圆形或椭圆形章，印章名称应使用项目部全称，并与成立的项目部名称一致。

（3）如参建单位在现场未成立项目部，在项目上可使用公司公章，并在提供的相关管理文件中说明。

49. 编制工程质量验收范围划分表有哪些要求？项目划分表编制说明应包括哪些内容？

答：工程质量验收范围划分表（以下简称"项目划分表"）是工程质量考核、评定的基础性工作，是将一项工程整个实施过程细化分解至各实施阶段的每道工序，便于工程质量检验控制和量化考核、评定，也是形成工程项目文件的重要依据。

编制规范有效的项目划分表应满足以下要求：

（1）工程开工前，应由施工单位按工程具体情况编制项目划分表。

（2）项目划分表应覆盖施工单位承建工程内容，工程编号、验收单位、验收表应符合相关技术标准规范要求，并编制划分说明。

（3）项目划分表应履行编制单位审批流程、签名盖章，并报监理、建设单位审批。

（4）项目划分表应根据施工图设计变更、工程实际情况进行动态管理。

项目划分表划分说明应包括以下内容：

（1）工程概况及本单位承担的施工范围。例如，施工单位承担部分风机工程的施工，应说明风机工程共有多少个单位工程，本单位承担的单位工程数量。

（2）编制依据。施工图设计、相关技术标准规范等均应作为编制依据。

（3）编制说明。说明单位工程划分情况，如风机设计机组号与风机单位工程编号对应情况，相关验收记录表式应用情况，以及其他需要说明的问题。

50. 项目文件中项目名称应该怎么填写？

答：项目文件中的项目名称原则上应与项目核准名称保持一致。若项目核准名称较长，建设单位可出具规范简称，项目文件中的项目名称可填写规范简称。

若建设项目过程中，项目名称发生变更，自行政审批机关批复之日起，项目文件中项目名称应使用新的项目名称。

51. 编制材料、结构实体检测报告和设备交接试验报告应满足哪些要求?

答：材料、结构实体检测报告内容应符合《电力建设土建工程施工技术检验检测规范》（DL/T 5710—2023）规定要求，检验检测报告应为原件，内容真实、结论明确；报告应有唯一性编码标识，应体现委托单位名称和必要的工程信息；报告至少应由检测试验人、审核人、批准人（授权签字人）不少于三级人员签名，并加盖检验检测机构资质认定标志、检验检测机构公章或检验检测专用章，多页检验检测报告应加盖骑缝章。

设备交接试验报告格式和内容应满足《电气装置安装工程 电气设备交接试验报告统一格式》（DL/T 5293—2013）要求，试验报告装订成册的，应编制封面和目录，封面应有试验报告名称和试验单位试验人、审核人、批准人签字，并盖试验单位试验专用章或试验单位公章；目录应分别编制所有检测报告名称和内容；每份试验报告试验人、审核人应亲笔签名，并盖试验专用章。

52. 编制质量证明文件有哪些要求?

答：《混凝土结构工程施工质量验收规范》（GB 50204—2015）中对质量证明文件定义如下：随同进场材料、构配件、设备及器具等一同提供用于证明其质量状况的有效文件。

因此，质量证明文件应满足两个要求：

一是质量证明文件应是供货厂家提供的，并随同供货材料、构配件、设备及器具等一同进场。

二是质量证明文件应是能够证明产品质量的有效文件，即产品合格证、试验检测报告等，且文件应为原件。

53. 编制项目检验批工程质量验收记录有哪些要求？

答：《电力建设施工质量验收规程 第 1 部分：土建工程》（DL/T 5210.1—2021）3.0.12 条规定，检验批质量验收记录由施工单位专业质量检查员或总承包单位专业工程师填写，由专业监理工程师或建设单位专业技术负责人组织施工单位专业质量检查员等进行验收。检验批填写时应具有现场验收检查原始记录，该原始记录应由专业监理工程师、施工单位专业质量检查员共同签署。

以 DL/T 5210.1—2021 标准中表 3.0.12-1 为例，检验批质量验收记录表主要由三部分组成：表头（工程施工内容）、表中（工程控制要素）、表尾（工程检查、验收单位），如图 10 所示，填写要求如下。

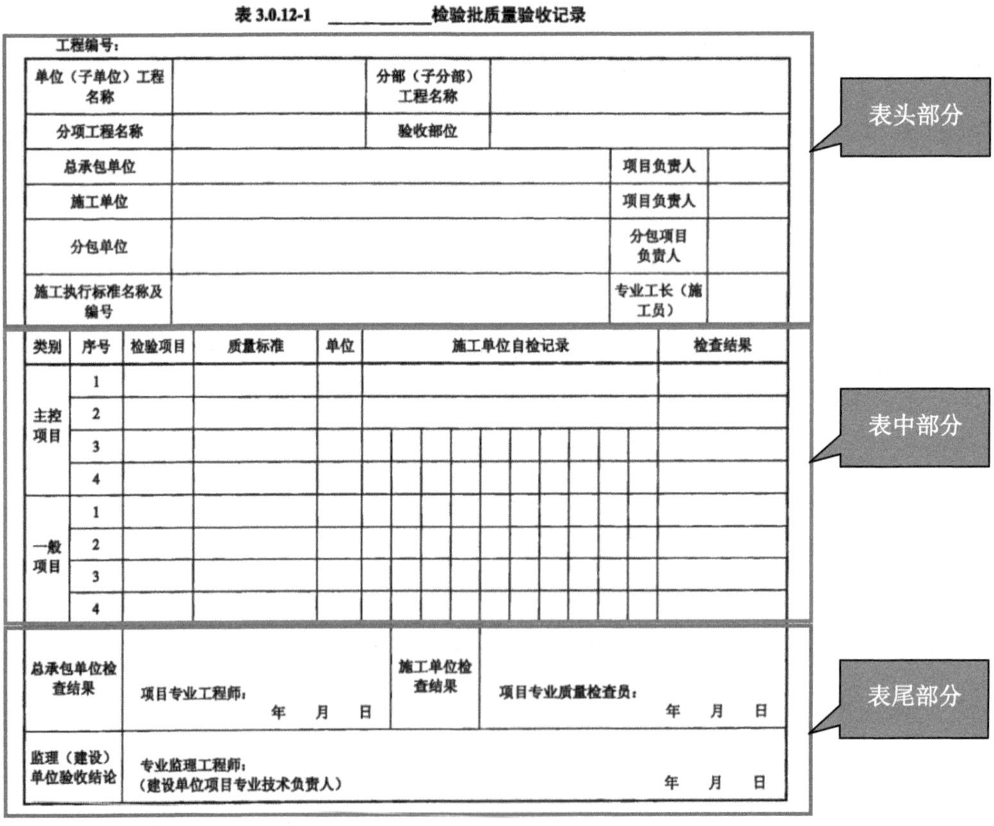

表 3.0.12-1 ＿＿＿＿＿检验批质量验收记录

工程编号：

单位（子单位）工程名称		分部（子分部）工程名称	
分项工程名称		验收部位	
总承包单位		项目负责人	
施工单位		项目负责人	
分包单位		分包项目负责人	
施工执行标准名称及编号		专业工长（施工员）	

类别	序号	检验项目	质量标准	单位	施工单位自检记录	检查结果
主控项目	1					
	2					
	3					
	4					
一般项目	1					
	2					
	3					
	4					

总承包单位检查结果	项目专业工程师： 年 月 日	施工单位检查结果	项目专业质量检查员： 年 月 日
监理（建设）单位验收结论	专业监理工程师： （建设单位项目专业技术负责人） 年 月 日		

图 10 检验批质量验收记录表

（1）表头的填写。

1）工程编号：依据工程验收范围划分表确定。

2）从"单位（子单位）工程名称"至"分包项目负责人"：根据工程实际情况如实填写。

3）施工执行标准名称及编号：填写施工执行的技术标准名称及编号。

（2）表中的填写。

主控项目和一般项目中，施工单位自查记录和监理单位验收记录均应以量化为原则，填写实测数据。

1）质量标准：应明确填写设计要求和施工要求的质量标准，不得简单填写"应符合设计"或"应符合现行标准规定"。

2）施工单位自检记录：文字简述或填写实测数据。涉及材质证明、试验报告的项目应填写文件编号；如果材质证明、试验报告较多，隐蔽工程记录中较详细时，可填写隐蔽工程记录编号；不得简单填写"合格""满足规范要求""符合设计要求"等。

3）检查：监理单位简述验收情况，如"抽查试验报告××份，结果合格"、"抽查多少点，几点超差"等。

4）无此项内容的打"/"标注，不得空缺。

（3）表尾的填写。

1）施工单位检查结果的填写：项目专业质量检查员在审核主控项目、一般项目及检查结果无误后，填写"自查合格"并签字确认。

2）总承包单位检查结果的填写：项目专业工程师在审核主控项目、一般项目及检查结果无误后，填写"检查合格"并签字确认。

3）监理（建设）单位验收结论的填写：专业监理工程师明确填写"合格"或"不合格"，并签名。

54. 竣工图审核报告应包括哪些内容?

答:《风力发电工程建设施工监理规范》(NB/T 31084—2016)11.2.3 规定,项目监理机构审核施工单位编制的竣工文件与竣工图的完整性、准确性。《建设项目档案管理规范》(DA/T 28—2018)7.2.2.1 规定,监理单位应对竣工图编制的完整、准确、系统和规范情况进行审核。

因此,对竣工图的审核是监理单位的工作职责,竣工图审核报告应包括以下主要内容:

(1)工程概况。

(2)监理合同范围。

(3)竣工图审核人员。

(4)竣工图审核依据,包括施工图、图纸会审、设计交底、设计变更、工程联系单、技术核定单、洽商单、材料变更、会议纪要、备忘录、施工及质检记录等全部涉及变更的文件。

(5)竣工图审核方法。

(6)竣工图审核情况,包括竣工图审核数量,竣工图完整、准确、系统和规范情况,审核过程中发现的问题及处理情况。

(7)目前竣工图存在的问题及建议。

(8)竣工图审核结论。

55. 监理工程质量评估报告包括哪些内容?

答:质量评估报告应包括以下主要内容:

(1)工程概况。

(2)主要参建单位。

(3)监理合同范围。

(4)工程施工情况,包括施工执行标准、强制性条文执行情况及工程试验检测情况等。

（5）工程质量检查和验收情况，包括设备、材料到货检验情况，工程重要部位、重要节点检查情况，单位工程、分部工程、分项工程、检验批工程数量及验收情况，工程调试及试运行情况，其他需要说明的情况等。

（6）工程质量事故及处理情况。

（7）工程质量控制资料核查情况。

（8）工程评价意见，工程质量评估结论。

56. 监理工作总结应包括哪些内容?

答：根据《电力建设工程监理规范》（DL/T 5434—2021）11.2.4、《风力发电工程建设施工监理规范》（NB/T 31084—2016）11.1.6 规定，监理工作总结应包括以下主要内容：

（1）工程概况。

（2）项目监理机构、监理人员和投入的监理设施。

（3）建设工程监理合同履行情况，包括工程质量监理过程、施工安全与环境管理情况、施工进度控制情况、合同支付与变更处理情况。

（4）监理工作成效。

（5）监理工作中发现的问题及处理情况。

（6）工程大事记及音像资料。

（7）说明和建议。

57. 竣工图编制总说明应包括哪些内容?

答：竣工图编制总说明应包括如下主要内容：

（1）工程概况，编制单位承担的工作内容。

（2）编制人员，包括各专业竣工图编、审、批人员。

（3）编制原则。

（4）编制依据，包括施工图和图纸会审、设计变更、工程联系单等涉及工程变更文件。

（5）编制基本情况，包括竣工图编制范围与编制深度、竣工图卷册及文件编号、竣工图数量及编号与施工图的对应关系、工程设计变更情况及竣工图修订情况等编制说明。

（6）变更文件统计表。

（7）竣工图总目录。

第六章

科技文件的整理

本章主要围绕标准"6 科技文件整理"相关内容进行解读。

第一节　科技文件的收集

58. 收集项目核准、可研、评价类管理文件应注意哪些问题?

答： 项目核准文件是建设项目合法、合规建设的依据性文件之一，应确保项目核准文件的齐全完整、真实有效，需注意以下几点：

（1）应收集项目核准、科研、评价类文件的原件。

（2）收集项目核准批复性文件应注意同步收集请示文件，如项目核准备案文件、项目逐级请示文件、项目申请报告书等。项目选址文件作为项目核准支撑性文件亦非常重要，在收集项目选址文件时，应注意收集矿产、文物、军事设施等申请文件。批复与请示文件是一个整体，应同步收集并保证文件的完整性。

（3）收集项目可研、评价类文件应注意同步收集评审文件，如评审会议纪要、评审意见、评审会签到表等，这些文件亦是不可分割的整体，应同步收集并保证文件的完整性。

59. 收集建设用地文件应注意哪些问题?

答:建设用地文件是项目合法、合规建设的依据性文件之一,特别是征租地文件,也是项目维权的重要凭证文件。

在收集征地文件时,应注意每一块征地的相关文件需齐全完整,每一块征地面积汇总到一起应与项目批准占地面积相符。委托第三方征地的,应注意对征地补偿协议、补偿款发放签字表的收集和归档。对于征地面积较大,土地涉及区域、人员较多的情况,建议征地经办单位或经办人编制征地情况统计表(表3),以利于征地的文件收集和统计。

表3 ×××征地情况统计表

序号	征地面积/亩	土地性质	原土地所有权人	征地批复文件	征地用途	征地协议	补偿协议
1	×××	林地					
2	×××	荒地					
3	×××	草原					
	合计:						

60. 收集招投标文件需注意哪些问题?

答:招投标文件是审计部门在干部离任审计、年度审计、专项审计等工作中的重要审查内容,招投标文件也是招投标单位维权、解决纠纷的重要凭证。招投标文件是否齐全完整、规范有效直接影响文件的有效利用,应注意以下问题:

(1)招投标文件的有效性。《中华人民共和国招投标法实施条例》(国务院令第613号)第五十一条规定,投标文件未经投标单位盖章和单位负责人签字,评标委员会应当否决其投标。在收集招投标文件时,应注意招标书、投标书是否加盖了招标单位、投标单位公章,装订成册的投标书每页是否有负责人签名确认或加盖骑缝章;投标报价和商务、技术澄清等文件是否有招、投标单位签名、签章,确保归档文件有效。

（2）投标文件的完整性。投标文件应包括中标单位和未中标单位投标文件。未中标单位的投标报价及商务、技术澄清等文件，与中标单位投标过程文件一起整理并长期保管。未中标单位的标书可做短期保管。

61. 收集预拌混凝土质量证明文件需注意哪些问题?

答：《预拌混凝土》（GB/T 14902—2012）规定，预拌混凝土是在搅拌站生产的、通过运输设备送至使用地点的、交货时为拌合物的混凝土。预拌混凝土原材料包括水泥、骨料、水、外加剂、矿物掺合料、纤维等。

因此，预拌混凝土出厂质量证明文件是混凝土搅拌站提供的，直接证明预拌混凝土质量的凭证文件，具有非常重要的价值与作用，应注意预拌混凝土出厂质量证明文件的齐全完整，包括以下主要内容：

（1）混凝土配合比通知单、开盘鉴定报告。

（2）混凝土出厂合格证。

（3）混凝土抗强度报告。由于混凝土的强度试验需要一定的龄期，报告可以在达到确定混凝土强度龄期后提供。

（4）原材料出厂合格证、原材料复试报告。例如，水泥出厂合格证，水泥3天、28天强度报告。

（5）混凝土运输单。

（6）混凝土发货单。

需要注意的是，除以上主要内容外，建设单位或施工单位应根据工程实际情况在与厂商签订合同时明确需提交的文件范围，如预拌混凝土应用于大体积混凝土施工。搅拌站需要提供的质量证明文件还要多一些，如混凝土中碱、氯离子含量计算书；水泥安定性、水化热试验报告；砂、石碱活性检验报告等。

62. 收集危险性较大工程文件需注意哪些问题?

答:根据《危险性较大的分部分项工程安全管理规定》(中华人民共和国住房和城乡建设部令第 37 号)规定,危险性较大的工程应收集以下文件:

(1)危大工程清单。

(2)专项施工方案及监理(建设单位)审核单。

(3)专家论证文件,包括专家论证意见、专家签字单、专家资质证书,专家论证会参会人员签到表。

(4)专家论证后对专项施工方案修改文件,包括对专家意见修改说明,修改后的专项施工方案及报审文件。

(5)专项施工方案交底文件。

(6)施工单位现场检查、验收及整改等相关文件。

(7)危大工程监理实施细则。

(8)监理专项巡视检查、验收及整改等相关文件。

63. 收集设备文件需注意哪些问题?

答:设备文件是发电企业在生产运营过程中检修、维护、改造设备的重要依据性文件,设备文件是否齐全完整、准确有效直接影响发电企业运行和检修工作质量和效率。收集设备文件时应注意以下问题:

(1)注意对开箱文件的收集。装箱清单、设备质量证明文件、备品备件文件、工器具清单等设备文件通常随设备装箱,开箱时注意对随箱文件的收集和核对,特别是每台设备质量证明文件应与设备一一对应,整理时应将此部分文件与设备其他文件同时整理归档。

(2)注意对设备使用说明书、图纸的准确性、规范性进行检查。例如,设备使用说明书是否加盖了设备厂家公章、与订购的设备型号是否相符;图纸是通用图纸还是针对订购单位专供图纸,是否有订购单位标识等。

（3）注意对进口设备及部件设备文件的收集。收集时注意检查进口设备是否有原产地证明文件、报关单、税单、海关检验文件，是否配有设备使用说明书中文译文等。

（4）注意对特种设备文件的收集。收集时注意及时收集电梯、起重设备、海上风电运维船、海底机器人等特种设备厂家出厂文件、定期检测文件。

（5）注意对配套工程和辅助工程设备文件的收集。例如，储能、供热设备文件，给水、排污设备文件等，保证工程设备文件的完整。

64. 建设单位需要收集施工单位在项目建设期间形成的安全巡视记录、安全班会记录吗？

答： 一般不需要收集归档。根据《建设项目档案管理规范》（DA/T 28—2018）规定，档案最低保管期限为 10 年。施工单位在建设项目建设期间形成的安全巡视记录、安全班会记录，是施工单位履行项目建设期间施工安全管理责任形成的过程文件，是施工阶段性管理文件。项目竣工移交生产后，这些文件在建设单位或生产运行单位未来的工作中基本没有利用参考价值，不具备作为档案保管 10 年的价值。

因此，上述文件不需要建设单位收集归档。如果项目工程达标投产考核需要查阅相关文件，施工单位整理后可移交建设单位安全职能部门管理，亦可移交建设单位档案部门作为资料管理。

第二节　科技文件的分类

65. 如何灵活使用本标准中的分类表？

答： 标准 6.3.3.1～6.3.3.3 对分类表的使用方法进行了说明。

分类表是保持档案系统性、专业性、关联性的重要工具，固定档案案卷的排列顺序，规范档案管理，使得档案成为条理化的、具有一定从属关系和平行关系的库藏系统。

本标准对分类表的使用较为开放和灵活：

（1）同一类目下形成的文件数量较少，亦可归入上级类目。

（2）同一类目下形成的文件数量较多，可将二级类目扩展到三级类目、三级类目扩展到四级类目使用。

（3）对于属于二级类目下多个三级类目的文件可视情况归至综合或其他类目。

（4）对于文件内容可以确定归属某二级目录，但二级类目下无对应三级类目名称，可利用此二级类目下三级类目空号自定义类目名称。

各企业应参照本标准分类表上下位类目的设置情况，结合企业实际情况，制定适合本企业实际情况的分类方案。注意不可改变标准分类表的类目名称和上下位隶属关系，各企业编制的分类方案应符合本标准对分类原则、类目设置和类目标识的规定。

66. 技改项目文件是否应该完全按照分类表进行分类整理？

答：标准 6.3.3.2 规定，同一类目下形成的文件数量较少，亦可归入上级类目。

标准中技改项目文件分类表最低类目为三级类目（图 11）。如果企业技改项目形成的文件类别和内容符合分类表设置情况，应按分类表进行分类整理；如果企业技改项目形成的文件类别和内容较少，可将所有归档文件直接归入二级类目 64。技改项目设备文件亦可归入 9 大类同类设备。具体实施办法应

64 技改项目
640 综合
641 施工文件
642 监理文件
643 调试及试验文件
644 竣工验收文件
645 竣工图
646 设备文件
649 其他

图 11　技改项目文件分类表

在分类方案中说明。

67. 风机多区域分布的项目文件怎么分类方便管理?

答:标准 6.3.3.2 规定,同一类目下形成的文件数量较多,可将二级类目扩展到三级类目、三级类目扩展到四级类目使用。

对于项目容量大、风机数量多、风机多区域分布且多个施工单位的情况,几个施工单位要共用一个分类号 841 进行文件分类整理,为了方便管理,可根据标准 6.3.3.2 规定,将三级类目扩展到四级类目使用。

示例:某风电工程风机分布 A、B、C 三个区域,划分为三个风电场管理,为了方便归档工作,将三级类目分类号"841"扩展到四级类目使用,分类表如下:

841 风力发电机组工程

8410 综合

8411 A 区风力发电机组工程

8412 B 区风力发电机组工程

8413 C 区风力发电机组工程

8419 其他

68. 海上风电项目升压站工程文件分类可否将三级类目扩展到四级类目使用?

答:如果海上风电项目升压站工程由多个施工单位承担、形成的项目文件数量较多,根据标准 6.3.3.2 规定,可将分类表三级类目扩展到四级类目使用。

例如:某海上风电项目有海上升压站和陆上集控中心,且工程由多个施工单位承担,为了方便文件的分类、整理、归档工作,将标准分类表三级类目扩展到四级类目使用,分类表如下:

842 中控楼和升压站建筑工程

8420 综合

8421 海上升压站工程建筑工程

8422 陆上集控中心工程建筑工程

8429 其他

843 升压站电气设备安装工程

8430 综合

8431 海上升压站电气设备安装工程

8432 陆上集控中心电气设备安装工程

8439 其他

69. 建设项目（8大类）和设备仪器（9大类）档号中目录号怎么编写？

答：本标准 6.3.4 规定：第 8 大类"建设项目"和第 9 大类"设备仪器"档案目录号应由工期号和风机机组号组成。编写要求如下：

（1）不能按机组区分的项目文件，分类时目录号可选择工期号和公用机组号，公用机组号用"000"代替。

例 1：某项目一期工程前期管理文件目录号应为"工期"+"公用机组号"，即 1000。

例 2：某施工单位承担一期工程风力发电机组安装工程，形成的质量管理体系文件目录号应为"工期"+"公用机组号"，即 1000。

（2）能按机组区分的项目文件，分类时目录号可选择工期号和风机机组号，风机机组号可以采用运行机组编号。

例 3：某施工单位承担一期工程风力发电机组安装工程，形成设计机组编号为 F03 风机安装工程质量验收记录，此风机投入运行后的机组编号为#11，则 F03 风机安装工程质量验收记录的目录号应为 1011。

第三节　科技文件的组卷和卷内文件排列

70. 前期文件如何组卷？卷内文件如何排列？

答：标准 6.4.2.3 和 6.5.4.1 规定了项目前期文件组卷和卷内文件排列规则。

项目前期文件应按问题组卷，宜一事一卷。卷内文件排列宜按批复在前，请示在后；审批文件在前，报审文件在后；正文在前，附件在后；文字在前，图纸在后；成果文件在前，支撑性文件在后。

示例：×××项目前期文件有：①上级发改委关于对×××项目的批复文件；②当地发改委关于对×××项目的请示文件；③建设单位向当地发改委发出的关于×××项目的请示文件；④×××项目请示报告书；⑤项目选址意见书批复文件；⑥项目选址意见书请示文件；⑦项目选址论证文件；⑧项目未压覆矿产批复文件；⑨项目压覆矿产请示文件；⑩项目涉及文物请示文件；⑪项目未涉及文物批复文件；⑫项目影响军事设施请示文件；⑬项目未影响军事设施批复文件。

上述文件可组成两卷：

第一卷档号为"1000-811-001"，案卷题名为"×××项目批复及请示文件"。卷内文件排序为"①上级发改委关于对×××项目的批复文件；②当地发改委关于对×××项目的请示文件；③建设单位向当地发改委发出的关于×××项目的请示文件；④×××项目请示报告书"。

第二卷档号为"1000-811-002"，案卷题名为"×××项目选址意见书及场址不涉及矿产、文物、军事设施相关文件"。卷内文件排序为"⑤项目选址意见书批复文件；⑥项目选址意见书请示文件；⑦项目选址论证文件；⑧项目未压覆矿产批复文件；⑨项目压覆矿产请示文件；⑩项目未涉及文物批复文件；⑪项目涉及文物请示文件；⑫项目未影响军事设施批复文件；⑬项目影响军事设施请示文件"。

71. 施工质量验收记录、施工记录、试验报告如何组卷？卷内文件如何排列？

答：标准 6.4.2.3、6.5.4.4 规定了施工文件组卷和卷内文件排序规则。

（1）施工质量验收记录应按单位工程或分部工程组卷，卷内应按单位工程质量检验项目范围划分表顺序排列。

（2）验收结论性文件排在前、验收支撑性文件排在后。因此，施工记录、隐蔽工程验收记录、试验报告等排在对应检验批质量验收记录后面。

示例：某风电项目风力发电基础工程项目划分表如图 12 所示，（仅做示例，非规范表格），进行 F07 风机基础分部工程施工质量验收记录组卷排序。

风力发电机组验评划分

工程编号						验收单位								
单位工程	子单位工程	分部工程	子分部工程	分项工程	检验批	工程名称	施工单位	总承包单位	勘察单位	设计单位	制造单位	监理单位	建设单位	控制点	质量验收表编号（除明确规范号外均取自 DL/T 5210.1
01~31						(F07~F47)风力发电机组工程	√	√	√	√		√	√		
	00	01				风机基础	√	√	√	√		√	√		
		01				土方工程	√	√	√	√		√			
			01			定位及高程控制	√	√				√			
				01		定位及高程控制	√	√				√		H	表5.2.1
			02			挖方	√	√				√			
				01		土方开挖	√	√				√		H	表5.3.1~表5.3.3
			03			填方	√	√				√			
				01		回填	√	√				√		S	表5.3.2
			02			混凝土基础	√	√		√		√			
				01		垫层	√	√				√			
					01	垫层	√	√				√		H	表5.12.7
				02		基础模板	√	√				√			
					01	模板安装	√	√				√		H	表5.10.1
					02	模板拆除	√	√				√		H	表5.10.6
				03		基础钢筋	√	√				√			
					01	钢筋加工	√	√				√		H	表5.10.7
					02	钢筋安装	√	√				√		H	表5.10.9
				04		基础混凝土	√	√				√			
					01	混凝土原材料及配合比	√	√				√		W	表5.10.10
					02	混凝土施工	√	√				√		S	表5.10.11
					03	混凝土结构外观及尺寸偏差	√	√				√		H	表5.10.12
				05		锚栓笼安装	√	√				√			
					01	锚栓笼安装	√	√			√	√		H	厂家标准
				06		设备基础二次灌浆	√	√				√			

图 12　风力发电机组验评划分

F07 风力发电机组风机基础分部工程质量验收记录卷内文件排列顺序：

（1）F07 风机基础分部工程质量验收记录。

（2）F07 风机基础分部工程质量控制资料核查记录。

（3）F07 风机基础分部工程安全和主要功能抽查记录。

（4）F07 风机基础分部工程观感记录。

（5）F07 风机基础定位及高程控制分项工程质量验收记录。

（6）F07 风机基础定位及高程控制检验批工程质量验收记录。

（7）F07 风机基础定位放线测量记录。

（8）F07 风机基础挖方分项工程质量验收记录。

（9）F07 风机基础土方开挖检验批质量验收记录。

（10）F07 风机基础地基验槽隐蔽工程验收记录。

（11）F07 风机基础地基钎探报告（如果有）。

（12）F07 风机基础填方分项工程质量验收记录。

（13）F07 风机基础土方回填检验批质量验收记录。

（14）F07 风机基础回填土压实检测报告。

等等，以此类推。

72. 预拌混凝土质量证明文件如何组卷？卷内文件如何排列？

答：标准 6.4.2.3、6.5.4.4 规定，原材料质量证明文件应按材料种类组卷；卷内文件应按每批次材料到场报验单、出厂质量证明文件、试验委托单、复试报告顺序排列。

因此，预拌混凝土原材料质量证明文件应按文种组卷，卷内文件应按预拌混凝土到货报验单、预拌混凝土出厂合格证、原材料质量证明文件、配合比通知单、开盘鉴定、运输单、交货单等支撑性文件依次排在后面。

示例：图 13 为×××风电项目预拌混凝土厂商提供的风机基础垫层预拌

混凝土质量合格证，同时还提供了原材料水泥出厂合格证，水泥 3 天、28 天强度报告，粉煤灰、砂、石、引气减水剂试验报告，混凝土强度报告，配合比通知书，开盘鉴定报告，运输单，交货单。此批次预拌混凝土质量证明文件如何排列？

预拌混凝土质量合格证 表B.0.28

	合格证编号	HG 06022001
	配合比编号	SQ 06022001
浇筑部位　T01风机基础垫层	供应数量（m3）	50.5
混凝土标记　A-C15-180(S4)P6-D150-GB/T 14902	供应日期	2020年6月22日

材料名称	水	水泥	粉煤灰	矿渣粉	砂	石	引气减水剂
品种规格	饮用水	P·O42.5	Ⅱ级	—	中砂	5-25mm	HY-4
试验编号	—	C2020SY-010	F2020SY-006	—	S2020SY-016	G2020SY-021	A2020SY-006

强度性能	混凝土抗压强度		
试验编号	KY06022001	试件组数	1
强度数据	详见混凝土抗压强度报告	成型日期	2020年6月22日

图 13　预拌混凝土质量合格证

卷内文件可按如下顺序排列：

（1）到货报验单。

（2）预拌混凝土出厂合格证、水泥出厂合格证、水泥 3 天强度报告、水泥 28 天强度报告、粉煤灰试验报告、砂试验报告、石试验报告、引气减水剂试验报告。

（3）开盘鉴定报告。

（4）混凝土配合比通知单。

（5）混凝土强度报告。

（6）混凝土运输单。

（7）混凝土发货单。

73. 钢筋原材料质量证明文件如何组卷？卷内文件如何排列？

答：标准 6.4.2.3、6.5.4.4 规定，原材料质量证明文件应按材料种类组卷；卷内文件应按每批次材料到场报验单、出厂质量证明文件、试验委托单、复试报告顺序排列。

钢筋是风电建设项目重要原材料，无论是工程阶段质量检查还是工程竣工验收，对钢筋质量证明文件的检查、对钢筋使用部位的质量追溯都是工程管理人员和各级专家重点检查的内容。钢筋原材料质量证明文件的组卷和排序示例：

案卷题名：×××项目×××工程钢筋跟踪台账及钢筋质量证明文件。

卷内文件排列：钢筋跟踪台账，第一批钢筋进场报审表、到货清单、钢筋出厂质量证明文件、钢筋试验委托单、钢筋复试报告；第二批钢筋进场报审表、到货清单、钢筋出厂质量证明文件、钢筋试验委托单、钢筋复试报告；第三批钢筋进场报审表……以此类推。

74. 工程竣工验收文件如何组卷？卷内文件如何排列？

答：标准 6.4.2.3、6.5.4.1 规定，竣工验收文件应按问题、文件重要程度组卷；卷内文件按照结论性文件在前、支撑性文件在后排列。

竣工验收文件组卷可一事一卷，如果文件较少，亦可两事或多事一卷，卷内文件应按一事所有文件排列完毕，再排二事所有文件，以此类推，但案卷题名应拟写清楚，卷内目录逐份逐件填写。见如下示例：

示例 1（一事一卷）：

案卷题名：×××项目档案验收文件

卷内文件排列：

（1）上级单位关于×××项目通过档案验收文件。

（2）关于组织×××项目档案专项验收的通知。

（3）关于申请组织×××项目档案专项验收文件。

（4）×××项目各参建单位档案验收汇报材料。

（5）×××项目档案验收会议首末次会议签到表。

示例 2（两事一卷）：

案卷题名：×××项目工程启动及工程移交生产验收文件

卷内文件排列：

（1）工程启动验收鉴定书。

（2）工程启动验收检查记录。

（3）参加工程启动验收人员签字表。

（4）工程移交生产验收交接书。

（5）工程移交生产检查记录。

（6）参加工程移交生产验收人员签字表。

75. 设备文件如何组卷？卷内文件如何排列？

答：标准 6.5.5 规定，设备仪器类文件案卷应按系统、部位排列；卷内文件每台设备应按开箱验收记录、设备装箱单、质量证明文件、说明书、图纸顺序排列，进口设备文件应按译文在前、原文在后顺序排列。在整理组卷过程中应注意以下问题：

（1）应将大于 A4 幅面的文件折叠成 A4 规格，将小于 A4 幅面的出厂合格证、试验报告等文件粘贴到 A4 幅面上。

（2）多台相同规格型号、相同厂家出厂的设备，设备质量证明文件应按设备数量、设备出厂编号全部组卷归档。设备使用维护说明书、图纸等完全相同的设备共用文件，不应重复归档，视文件数量多少，可单独组卷或归入首台设备文件中。

（3）对于设备厂家提供的已装订成册但超厚的设备文件，应将文件拆分按件整理，视文件数量组成两卷或多卷，每卷文件内容应相对独立，卷与卷之间档号应连续。

76. 施工图、竣工图如何组卷？卷内文件如何排列？

答： 标准 6.4.2.3、6.5.4.2 规定，初步设计、施工图、竣工图应按专业、卷册顺序号组卷。设计图（册）类文件案卷应按专业、卷册号顺序排列，卷内文件应按设计单位编制的图纸目录顺序排列。在整理组卷过程中，应注意以下问题：

（1）施工图、竣工图原则上按照设计院编制的系统和专业卷册号一册组成一卷，案卷的排列与设计院卷册号排列顺序一致；卷内文件按照册内图纸目录在前，其他文件按照图纸目录顺序排列。

（2）设计图纸为 A3 幅面且装订成册，应折叠成 A4 幅面组卷装盒；如果文件数量较多超厚，可拆分后折叠成 A4 幅面组成多卷装盒，卷与卷内文件排列顺序应与图纸目录顺序一致，每卷作为独立案卷档号连续，分别编写卷内文件目录，并将拆分情况在备考表中说明。

（3）如果同一系统同一专业的两个卷册文件数量较少，可将两册文件组成一卷；卷内文件排列按照先排第一册文件、再排第二册文件，册号从小到大、每册图纸目录在前、其他文件顺序排在后面，并详细编制卷内文件目录。

示例：某项目升压站土建专业有如下两册竣工图。

卷册号"T0101"，卷册名称为"升压站土建专业竣工图总说明"，册内文件有 2 份，分别为"T010100 图纸目录和 T010101 竣工图总说明"。

卷册号"T0102"，卷册名称为"升压站土建专业设备材料清册"，册内文件有 2 份，分别为"T010200 图纸目录和 T010201 设备材料清册"。

整理时，将两册文件组成一卷，卷内文件排列见表 4。

表 4　卷内目录

档号：1000-882-001

序号	文件编号	责任者	文件题名	日期	页数	备注
1	×××T010100	×××××××	×××升压站土建专业×××图纸目录	×××××××		
2	×××T010101	×××××××	×××升压站土建专业竣工图总说明	×××××××		
3	×××T010200	×××××××	×××升压站土建专业×××图纸目录	×××××××		
...	×××T010201		×××升压站土建专业设备材料清册			

第四节　编　　目

77. 档号章的作用是什么？怎么填写？

答：标准 6.6.2.1～6.6.2.4 规定，按"件"装订的案卷，应在每份文件首页右上方空白位置加盖档号章。按"卷"装订的案卷，封面、卷内目录与文件装订成册后，不加盖档号章。

档号章能够标注每份文件的档号，体现整理规则并包含文件类别、排列顺序等要素，固定文件在卷内排列位置，有利于单份或多份文件借出后归还时准确归位，方便档案借阅管理。

档号章中的"档号"应填写案卷档号，"序号"应填写此文件在卷内目录中的序号。

示例：某案卷卷内目录见表 5。

表5　卷内目录

档号：1000-816-002

序号	文件编号	责任者	文件题名	日期	页数	备注
1	××××××	××××××××	××××××施工总承包合同会签单	××××××××	××	
2	××××××	××××××××	××××××施工总承包合同	××××××××	××	
3	××××××	××××××××	××××××施工技术协议	××××××××	××	
...						

卷内目录中3份文件的档号章填写如图14所示。

档　号	序号
1000-816-002	1

档　号	序号
1000-816-002	2

档　号	序号
1000-816-002	3

图14　卷内目录中3份文件的档号章

78. 编制卷内目录应注意哪些问题？

答：标准6.6.5规定了卷内目录编制要求。

卷内目录是用于对案卷内单个文件的控制，它记录文件编号、文件形成责任者、文件的名称、形成日期、文件页数、在此案卷中的位置等信息，以揭示案卷内所有文件内容和数量，方便利用者快速、准确检索文件。在编制卷内目录时应注意以下问题：

（1）应按照卷内文件排列顺序，逐份登记文件题名，不应将多份文件内容笼统命名为一份文件题名登记；卷内多份文件题名相同，应根据其他不同信息自拟题名登记。如监理旁站记录，可在"监理旁站记录"前冠以"专业""工程部位"等加以区别。

（2）卷内目录中的"责任者"栏应填写文件形成者或第一责任者。附件与正文作为一件时，填写正文形成者；合同文件填写主要责任者或合同双方。

（3）日期填写文件形成日期，无日期可不填写。

（4）按"卷"装订和按"件"装订的案卷卷内目录"页数/页号"的填写见 79 题。

（5）"备注"栏可填写说明文件的其他信息，如文件是复印件、有无附件、试验报告编号等内容。

79. 按"卷"装订和按"件"装订的案卷卷内目录"页数/页号"怎么填写?

答：标准 6.6.5.2 规定，按件装订的，应按件填写每件文件的总页数；按卷装订的，应填写每份文件起始页号，最后一份文件填写起止页号。

按"卷"装订的卷内目录"页数/页号"栏以"页号"体现，表示该"卷"不同文件所在页号，每份文件填写起始页号，最后一份文件填写起止页号；按件装订的卷内目录"页数/页次"栏以"页数"体现，表示每件文件总页数。

示例 1：按"卷"装订卷内目录页号示例，见表 6。

表 6　卷内目录

档号：1000-840-001

序号	文件编号	责任者	文件题名	日期	页号	备注
1	××××××	××××××××	××××××工程总承包单位企业资质文件	××××××××	1	
2	××××××	××××××××	××××××工程总承包单位项目部成立各项目部印章启用文件	××××××××	12	
3	××××××	××××××××	××××××工程总承包单位项目经理任命文件	××××××××	16	
...						
6	××××××	××××××××	××××××工程总承包单位管理制度	××××××××	60~101	
...						

示例 2：按"件"装订卷内目录页数示例，见表 7。

表 7　卷内目录

档号：1000-840-001

序号	文件编号	责任者	文件题名	日期	页数	备注
1	××××	××××××	××××××工程总承包单位企业资质文件	××××××××	11	
2	××××	××××××	××××××工程总承包单位项目部成立和项目部印章启用文件	××××××××	5	
3	××××	××××××	××××××工程总承包单位项目经理任命文件	××××××××	××	
...						
6	××××	××××××	××××××工程总承包单位管理制度	××××××××	42	
...						

80. 施工图、竣工图自带册内文件目录，是否需要编制卷内目录？如何编制？

答：施工图、竣工图自带册内文件目录，为了规范管理、方便快捷查阅利用档案，仍然需要编制卷内目录。

一是档案信息化管理的必然要求。采用档案管理系统进行档案管理的，施工图、竣工图需根据卷内文件目录，逐条对应挂接到电子文件目录上。

二是自带册内文件目录与卷内目录侧重点不同。自带册内文件目录是设计人员针对某一册图纸制定的检索工具，卷内目录是档案人员针对某一卷甚至整个全宗编制的检索工具，一般会补充责任者、页数、日期等属性。

三是便于统计卷内文件数量。

编制施工图、竣工图卷内目录，应按照册内自带文件目录在前、其他文件有序在后，逐张逐份登录。若册内某一份图纸内容有多张，在编制卷内目录时可采取以下两种方式：

（1）将多张图纸装订成一件，按照卷内目录顺序编号作为一件登录，页数据实填写。

（2）将此份图纸按照卷内文件目录顺序逐张编号，每张图纸作为一件登录。

81. 采用档案管理系统进行档案管理的企业，是否需要编制纸版科技档案案卷目录？

答：标准 6.6.7 规定了科技档案案卷目录的编制要求。

案卷目录是重要的检索工具，是项目管理卷和企业全宗卷的重要组成部分，编制纸质案卷目录和案卷说明，更是应对电脑故障或电脑数据丢失等的重要保障。因此，无论企业是否应用档案管理系统软件，均应编制纸版科技档案案卷目录。

82. 拟写案卷题名应注意哪些问题？应该怎么拟写？

答：标准 6.6.3.2 规定了案卷题名拟写要求，拟写案卷题名应注意以下问题：

（1）案卷题名过于笼统，不能准确揭示卷内文件内容。

（2）案卷题名没有概括性，是卷内文件题名的简单罗列。

（3）案卷题名过长，造成案卷脊背题名打印不完整。

案卷题名应根据不同类别的档案案卷构成特点、文件内容拟写，案卷题名应简明、准确揭示卷内文件内容，可参照如下要求拟写：

（1）电力生产类档案案卷题名。

1）综合管理文件："企业名称或规范化简称"+"文件内容"。例如，×××风电场设备检修规程。

2）生产管理文件："企业名称或规范化简称"+"年度"+"工期"+"文件内容"。例如，×××风电场 2020 年一期工程风机巡检记录。

3）技改项目文件："企业名称或规范化简称"+"技改项目名称"+"文件内容"。例如，×××风电场一期工程#5 风机加装火灾报警装置技改项目施工及验收文件。

（2）科研档案类案卷题名："企业名称或规范化简称"+"科技项目名称"+"文件内容"。例如，×××风电场×××科技成果申报及获奖文件。

（3）建设项目类案卷题名：

1）前期管理文件："项目名称"+"文件内容"。例如，×××项目水土保持方案报告书及评审文件。

2）设计文件："项目名称"+"卷册名称"。例如，×××项目风机基础施工图。

3）施工文件："项目名称"+"单位工程名称或分部工程名称"+"主要文件内容"。例如，×××项目升压站建筑工程综合楼施工质量验收记录。

4）调试文件："项目名称"+"系统"+"文件内容"。例如，×××项目升压站设备单体调试、分系统调试记录。

5）监理文件：需要区分系统和专业的可按"项目名称"+"系统"+"专业"+"文种"拟写。例如，×××项目风机场区土建专业监理日志。不需要区分系统和专业的按"项目名称"+"主要文件内容"拟写。例如，×××项目监理单位企业资质、项目部成立人员资质及质量管理体系文件。

6）设备仪器类案卷题名："项目名称"+"设备名称"+"文件内容"。例如，×××项目#1风机机舱设备出厂质量证明文件；×××项目主变压器及其配套设备出厂质量证明文件、使用说明书、图纸。

83. 卷内备考表怎么填写？

答：标准 6.6.6 规定了备考表编制要求，备考表需要填写的信息内容如下：

（1）档号，填写案卷档号。

（2）互见号，填写本卷不同载体档案的档号并注明其载体类型。例如，与本卷内容相同的电子文件档号，与本卷内容相同的照片、影像文件档号等。

（3）说明，填写盒内案卷文件的总件数、总页数以及案卷文件需要说明的情况。例如，卷内文件缺失情况、与其他案卷共用文件情况等。

（4）立卷人及日期，负责整理项目文件的责任人签名和完成立卷的日期。

（5）检查人及日期，负责案卷质量的检查人签名和检查日期。如果是委托外包单位整理档案，检查人应由委托单位档案负责人签字。

84. 案卷脊背怎么填写？

答： 标准 6.6.4 规定了案卷脊背的编制要求。

案卷脊背是档案盒背部，填写档号、案卷题名、保管期限、正副本等内容，能够一目了然地揭示案卷信息和排列的位置，对实体案卷的调阅和归位非常重要，提高了档案管理的效率和便利性。

编写案卷脊背应符合以下要求：

（1）保管期限，应直接填写案卷划定的保管期限，不体现"保管期限"字样。

（2）档号，应填写案卷档号，档号中的"目录号"、"分类号"、"案卷号"竖排，不体现短横线"-"。

（3）案卷题名，应与案卷封面题名一致，题名竖排，首列空两个字符。

（4）正（副）本，应与案卷封面一致，未区分正、副本的，可不填写。

示例：某案卷档号为"××××-1055-841-001"，案卷题名为"××50MW 风电项目#55 风机基础工程施工记录及质量验收记录"，保管期限为"永久"，案卷文件为"正本"，案卷脊背如图 15 所示。

| 永 久 |
| 档 号 |
| XXXX 1055 841 001 |
| 案卷题名 |
| 项 目 #55 X 风 X 机 X 基 X 础 X 工 X 程 X 施 X 工 X 记 X 录 X 及 X 质 X 量 X 验 X 收 X 记 50MW 录 风 电 |
| 正 本 |

图 15　案卷脊背

第五节 特殊问题的处理

85. 业务系统直接形成的科技文件是否可以执行电子档案单套管理?

答:《电子档案单套管理一般要求》(DA/T 92—2022)规定,电子档案单套管理是指仅以电子形式归档电子文件和管理电子档案的方式。

电子档案单套管理是一项整体性、系统性工作,实行电子档案单套管理需要满足一系列前置性条件,在制度建设、系统建设、资源建设和电子文件管理、安全管理方面能够满足电子档案单套管理要求,并应通过可行性评估,且对业务系统和电子档案管理系统都有明确的规范要求。

因此,对不具备电子文件单套管理条件的企业,业务系统形成的重要的、需长期或永久保存的电子文件,宜输出纸质文件,经业务部门签字、盖章,形成规范、有效的科技文件归档。对具备电子文件单套管理条件的单位,可按照《电子档案单套管理一般要求》(DA/T 92—2022)执行。

86. 科技创新形成的科技文件归档应注意什么?

答:科技创新形成的科技成果文件,应编制科技成果应用说明,并经应用单位负责人签字确认。科技成果负责单位或经办人应将科技成果应用说明和科技成果文件同时收集整理归档。

87. 科技文件整理组卷时共用文件怎么处理?

答:标准6.4.1.3规定,科技文件应避免重复归档,共用文件可编制索引表或在备考表中说明。

示例1:某施工单位承担风机基础工程和升压站基础工程的施工,共用一套计量器具报审文件及计量器具检定证书，在单位工程文件组卷时，可将共用文件组到一个单位工程中，另一个单位工程可编制计量器具使用索引表，索引表可参照表 8 编写。

表8　×××工程使用计量器具索引表

序号	计量器具名称	规格型号	检定证书编号	有效日期	报审表编号	所在档号

示例 2：某预拌混凝土搅拌站提供的 4 个批次的预拌混凝土原材料质量证明文件相同，在整理组卷时，可将 4 个批次预拌混凝土原材料质量证明文件只组一套归档，保持首批预拌混凝土出厂合格证及原材料质量证明文件的完整，其他批次只将预拌混凝土出厂合格整理归档，并在卷内备考表中说明，见表 9。

表9　卷内备考表

档号：

互见号：

说明：本卷共××件×××页。

　卷内预拌混凝土出厂合格证编号×××1、×××2、×××3、×××4 四个批次预拌混凝土原材料水泥、沙、石、外加剂质量证明文件相同，为了不重复归档，编号×××2、×××3、×××4 出厂合格证标识的原材料质量证明文件见×××1 出厂合格证后附文件。

88. 卷内文件排列顺序是否可以按照本标准附录 B《风力发电企业科技文件归档范围及保管期限划分》中主要归档文件排列顺序排列？

答：本标准附录 B《风力发电企业科技文件归档范围及保管期限划分》中主要归档文件内容是按照二级、三级类目号编制的，这样编制的目的是文件分类针对性强、不容易出错，有利于文件收集、整理。但附录 B 中归档文件排列顺序只是主要归档文件内容的简单罗列，不是文件排列规则。

因此，档案人员在整理科技文件时，应根据本标准 6.4、6.5 规定，进行科技文件的组卷和卷内文件的排列。

89. 多个施工单位共同分包一个单位工程形成的质量验收记录如何整理组卷?

答： 在实际工作中，一个单位工程可能由两个或两个以上分包单位施工，各分包单位应按合同规定范围收集整理承建部分施工质量验收记录并组成案卷，卷内文件按单位工程项目划分表划分的分部、分项、检验批工程顺序排列。

如各分包单位形成的文件较多，可分别组成独立案卷，案卷排列顺序应按单位工程划分顺序排列，档号顺延。如分包单位形成的文件较少，各分包单位可将整理完毕的案卷移交发包单位按照项目划分汇总整理组成一个完整的单位工程案卷，统一编制档号。

示例：某风电项目#1 风机基础工程施工单位为 A，#1 风机安装工程施工单位为 B，施工质量验收记录组卷和档号编制可参照以下方法：

如果 A、B 施工单位形成的质量验收记录内容较多，基础和安装工程可各组成 1 卷，A 施工单位形成的质量验收记录案卷档号为 0101-841-001，B 施工单位形成的质量验收记录案卷档号应为 0101-841-002。

如果 A、B 施工单位形成的质量验收记录文件较少，可将施工质量验收记录移交总承包单位汇总整理组成 1 卷，A、B 施工单位组成的案卷卷内文件排列顺序不变。

90. 归档案卷需要区分正副本吗? 怎么标识?

答： 标准 6.6.3、6.6.4 规定了案卷封面和案卷脊背的编制要求。

在项目档案归档工作中，建设单位通常要求归档份数为两套或三套，最低保证一套为原件、正本。为了保护原件，各种验收或审计工作需要提供档案正本原件，其他工作参考可提供档案副本。建设单位提出归档档案一式两卷（套）及以上的，在整理组卷和编目时，案卷内封面和案卷脊背可根据案卷文件的原始性、有效性，填写正本或副本；未区分正副本的，可不填写。

因此，各单位可根据本单位档案归档实际情况，确定是否区分正副本。如果档案案卷区分正副本，正、副本应标识在案卷封面和脊背上，方便调卷和归位。

91. 项目档案管理卷包括哪些内容？由谁负责编制？

答：标准 6.1.3 规定，新建、扩建、技改项目竣工后，应整理项目档案管理卷移交建设单位，纳入风力发电企业全宗卷。

《建设项目档案管理规范》（DA/T 28—2018）3.17 规定，项目档案管理卷指档案管理机构在管理某一项目过程中形成的，包括项目概况、标段划分、参建单位归档情况说明、档案收集整理情况说明、交接清册等说明项目档案管理情况的有关材料组成的专门案卷。

根据项目档案管理卷包括的主要内容，宜由以下单位负责编制：

（1）项目概况说明，包括项目建设规模容量、建设地址，核准、开工、竣工情况，工程投资情况等，宜由建设单位工程管理部门编制。

（2）参建单位承担工程范围说明，包括工程标段划分、单位工程划分汇总表，宜由监理单位负责编制。

（3）档案收集、整理、归档情况说明，包括电力生产、科研、建设项目、设备等项目建设全过程形成的纸质档案和特殊载体档案的收集、整理、归档情况说明，宜由建设单位档案部门负责编制。

（4）档案移交签证表、档案移交目录等，宜由建设单位档案部门负责收集。

以上内容编制完成后，应由建设单位工程管理部门移交建设单位档案部门，档案部门汇总所有材料，整理成专门案卷归档。

第七章

照片、实物档案与电子文件归档与整理

本章主要围绕标准"7 照片档案的归档与整理""8 实物档案的归档与整理""9 电子文件归档与整理"相关内容进行解读。

第一节 照片档案的归档与整理

92. 一个事件或一个工程部位的照片应归档几张？归档的照片如何选择？

答： 本标准"附录 D 风力发电企业工程照片归档范围"给出了照片归档张数的参考值，但实际归档时，应视具体情况确定归档张数。通常，工程部位照片，可选取细部构造、全貌 1～3 张进行归档；验收会、评审会等重要事项照片，可选取不同场景 3～5 张进行归档。

标准 7.3.1 规定，归档照片应选择主题鲜明、影像清晰、画面完整、保持原貌、未加修饰剪裁的照片。

93. 项目监理单位和施工单位归档照片内容有什么区别？

答： 监理单位和施工单位归档照片的侧重点不同，是从不同的管理层面对同一客体——发电项目，进行多方位管理和监督，因此反映和体现的内容不同。

监理单位归档照片内容应着重体现和反映履行监理职责的过程，主要内容包括：

（1）监理单位组织的重要会议、重要活动照片。

（2）监理单位在巡视检查过程中发现的质量等问题照片及整改后的照片。

（3）监理见证、旁站、平行检验照片。

（4）工程事故照片。

（5）重要工序、重要节点完工照片等。

施工单位归档照片内容应着重体现和反映施工全过程，主要内容包括：按照施工工序从检验批到单位工程，按照内容从细部、局部到全貌，每个施工节点的施工情况。

94. 编制照片档号需要注意什么？

答：标准 7.4.3.1、7.4.3.2 规定了照片档号的编制方法。

照片档号结构为"目录号-档案门类代码·照片册号-分类号-照片顺序号"，应符合以下要求：

生产期照片档案目录号由"年度代码"标识，建设项目照片档案目录号由"工期+机组号"或"工期+公用机组号"标识。

分类号用二级类目号标识，对于归档照片数量较少企业，可省略分类号层级，简化档号。

如果一个单位保管多个全宗档案，档号可加全宗号区分。

95. 册内照片说明应包括哪些内容？照片文字说明如何拟写？

答：标准 7.4.5 规定了每册照片档案应编制册内照片说明，每张照片应拟写文字说明。

册内照片说明应包括如下内容：

（1）本册照片形成单位。

（2）本册照片反映的工程内容。

（3）本册照片编号规则、排序方法。

（4）其他需要说明的问题。

照片文字说明应综合运用事由、时间、地点、人物、背景、拍摄者等要素，概括揭示本张照片所反映的全部信息。拟写时应文字简洁，语言通顺，概括揭示照片所反映的全部信息。但不要机械地按六要素内容写成分段式文字，也不要简单地以题名代替，文字说明应更全面、详细，是对题名未及内容作出补充。照片文字说明和题名的区别详见上篇第 61 题。

96. 保管照片档案的温湿度要求是多少？对照片档案的检查多长时间开展一次？

答： 根据《照片档案管理规范》（GB/T 11821）规定，照片（包括底片）应恒温、恒湿保存。长期储存环境，24 小时内温度的周期变化不应大于±2℃，相对湿度变化不应大于±5%。中期储存环境，24 小时内温度的周期变化不应大于±5℃，相对湿度变化不应大于±10%。

每隔两年，应对照片档案进行一次抽样检查，不超过五年进行一次全面检查，及时发现问题，及时补救，确保照片档案保存完好。

97. 数码照片是否需要打印相纸照片归档？

答： 标准 7.3.2 规定，对反映同一内容的照片，应选择有代表性的输出纸质照片；对于具有特殊意义且具有永久保存价值的照片，宜翻拍成胶片，将制作底片与照片一同归档。

因此，需要永久、长期保管的数码照片，一般宜印出一份 5 寸相纸或根据场景、人物数量等因素酌情印出相应尺寸照片归档。印出的照片应影像清晰、完整，不易脱色，符合长期保管要求。

第二节　实物档案的归档与整理

98. 什么是岩心？什么是岩心档案？岩心标牌应包括哪些内容？

答：标准 8.1.2 规定，具有保存价值的岩心、地质矿样为实物档案归档范围。

根据《岩心档案管理规范》（DA/T 72—2019）3.1、3.2 规定：岩心是根据地质勘查工作和工程的需要，使用环状钻头和其他取心工具，从孔内取出的圆柱状岩石样品。岩心档案是具有保存价值并归档保存的岩心及其相关记录，一般包括岩心、岩心编录和岩心照片三个部分。

每个保存岩心的岩心箱应有岩心标牌，岩心标牌应包括项目名称、岩心箱编号、箱内岩心样品数量、岩心样品编号，每个岩心采样位置、采样深度、采样时间，整理人、整理时间等信息。

第三节　电子文件的归档与整理

99. 电子文件元数据的归档范围是什么？

答：标准 9.1.2 规定，电子文件元数据归档范围应按 GB/T 18894 要求执行。

电子文件元数据应与电子文件一并收集归档，主要归档范围如下：

（1）文书类电子文件元数据归档范围按照 DA/T 46—2009 标准执行，包括但不限于：

1）题名、文件编号、责任者、日期、机构或问题、保管期限、密级、格式信息、计算机文件大小、文档创建程序等文件实体元数据。

2）发文的起草、审核、签发、复核、登记、用印、核发等，收文的签收、登记、承办、传阅、催办、答复等。

（2）科技、专业、邮件、网页、社交媒体类电子文件应归档元数据范围可参照文书类电子文件要求执行。

（3）声像类电子文件应归档元数据范围包括题名、摄影者、录音者、摄像者、人物、地点、业务活动描述级、密级、计算机文件名等。

100. 电子文件元数据归档格式有哪些要求?

答：标准 9.3.6 规定，应根据电子文件归档接口以及元数据形成情况，确定电子文件元数据归档格式，具体应按 GB/T 18894 要求执行。

（1）经业务系统形成的各门类电子文件元数据应根据归档接口确定归档格式：

1）选择 Web Service 归档接口或归档电子文件及其元数据的规范存储结构归档接口时，可以 ET、XLS、DBF、XML 等任一格式归档。

2）选择中间数据库归档接口时，可与电子文件一并由业务系统数据库推送至中间数据库，也可再由中间数据库导出数据库数据文件。

（2）声像类电子文件元数据、在单台计算机中经办公、绘图等应用软件形成的电子文件，可以 ET、XLS、DBF 等格式归档。

第八章

档案移交

本章主要围绕标准"10 档案移交"相关内容进行解读。

101. 生产期科技文件归档交接登记表谁负责编制？归档应履行哪些流程？

答： 标准 10.2.1 规定，企业各部门在科技文件归档前，移交部门负责人和办理人员应对归档文件进行审核，审核合格后编制科技文件交接登记表，向档案部门移交。档案部门审核合格后交接双方签署科技文件交接登记表。

因此，生产期科技文件归档交接登记表应由移交部门负责编制。归档应履行审核和交接流程，具体要求如下：

（1）文件的形成者或办理人和移交部门负责人应对归档文件的完整、准确、规范情况进行审核，审核合格后编制科技文件交接登记表并在登记表上签字，将交接登记表和归档文件提交档案部门审核。

（2）档案负责人核对归档文件是否有效、完整，如果满足归档要求，签字接收；如果不满足归档要求，退回督促整改并限期归档。

102. 项目档案移交建设单位时各方审核责任和归档流程分别是什么？

答： 标准 10.2.2 规定，建设单位和参建单位应履行审核签证责任。

（1）建设单位和各参建单位工程专业技术人员对移交归档文件的完整性、准确性、有效性和规范性进行审查，档案部门负责对归档文件的完整性和整理的规范性、系统性进行审查。各方应形成审查记录，对审查存在的问题形成整改闭环文件。

（2）各方审查完成后，移交单位编制并填写风电项目档案交接签证表和案卷移交目录，审核人员在交接签证表上签署审查意见，交接双方档案负责人办理交接手续。审查记录及闭环文件作为签证表附件归档。

附录A 企业管理类文件材料归档范围及档案保管期限划分（0—5 大类）

分类号	类目名称	归档范围	保管期限	归档部门	备注
0	党群工作				
00	综合				
01	党务工作	1.党委工作计划、总结		党建部门	
		1.1 年度及以上的计划、总结	永久	同上	
		1.2 年度以下的计划、总结	10 年	同上	
		2.会议记录、纪要			
		2.1 党委会、党委扩大会、党委民主生活会记录、纪要	永久	同上	
		2.2 党委中心组学习记录、党群会议记录、纪要	10 年	同上	
		3.党员大会、党员代表大会材料			
		3.1 党委请示、上级批复、通知、会议议程、代表名单、工作报告、领导讲话、审议通过的文件、决议、提案、选举结果、记录重要会议的声像、电子材料等	永久	同上	
		3.2 大会发言、交流、重要的贺信、贺电、筹备工作、选举工作中形成的文件材料、小组会议记录、讨论未通过的文件等	10 年	同上	
		4.党委请示、决定、报告、通知			
		4.1 公司党委请示、上级党组批复、党委决定、报告和通知等上报或下发的文件	永久	同上	
		4.2 党委各项条例、制度、办法	永久	同上	
		5.党委调查研究形成的材料	永久	同上	
		6.党委专题工作总结、报告、活动等文件材料			
		6.1 "三重一大"等重要专项活动通知、方案、总结、报告等文件材料	永久	同上	
		6.2 党史学习教育工作的指示、批示和讲话；党史学习教育领导小组及办公室印发的各种文件、方案、总结、报告、简报专题、大事记等	永久	同上	

分类号	类目名称	归档范围	保管期限	归档部门	备注
		6.3 成立党史学习教育领导机构和工作机构的文件；各级党史学习教育开展的专题学习、专题培训、专题研究、专题宣讲、实践活动等过程中形成的方案、报告、台账、清单、总结等	30 年	同上	
		7.表彰、奖励文件材料			
		7.1 省部级（含）以上表彰、奖励的文件材料	永久	同上	
		7.2 公司优秀党务工作者、优秀共产党员、党员先锋岗、先进基层党组织、先进党小组等的文件材料；公司先进单位、劳动模范、先进工作者等文件材料	30 年	同上	
		8.党内的机要、保密文件材料			
		8.1 机要、保密工作制度、规定、办法、总结等文件材料	永久	同上	
		8.2 机要、保密工作规划、计划文件材料	30 年	同上	
		9.来信来访、处理的请示与批复			
		9.1 有领导重要批示和处理结果的	永久	同上	
		9.2 其他有处理结果的；其他具有保存和利用价值的文件材料	30 年	同上	
		10.党务工作大事记	永久	同上	
02	组织工作	1.本公司年度组织工作计划、总结，各项规章制度	永久	党建部门	
		2.本公司党群机构设置、调整、人员编制、印信启用和作废等文件材料	永久	同上	
		3.党员组织生活、组织关系介绍信存根、党费收据存根	永久	同上	
		4.党员学习教育等活动文件材料，党员入党、转正文件材料	永久	同上	
		5.党内干部考察、考核、任免、政审决定等，党委领导分工	永久	同上	
		6.党费收支文件材料	30 年	同上	
		7.党组织、党员统计年报，党员名册	永久	同上	
03	纪检工作	1.本公司年度纪检工作的计划、总结	永久	纪检部门	
		2.纪检会议记录、纪要	永久	同上	
		3.纪检工作的指示、通知、报告			
		3.1 上级纪检机关制发的本公司有关纪检工作的批示、要求本公司执行的通知，本公司纪检工作的规定、决定、通报等	永久	同上	

分类号	类目名称	归档范围	保管期限	归档部门	备注
		3.2 上级纪检机关制发的供本公司参考的通知、公司纪检例行工作要求、通知	10 年	同上	
		4.民主评议，党风建设、党纪检查工作中形成的材料	10 年	同上	
		5.案件处理			
		5.1 违纪案件立案调查、处理形成结论并已结案等文件材料	永久	同上	
		5.2 影响范围小或未结案的文件材料	30 年	同上	
04	宣传工作、企业文化	1.本公司年度宣传工作计划、总结	30 年	宣传部门	
		2.上级机关下发的需要本公司贯彻执行的，本公司制定的宣传工作指示、决定、通知等	30 年	同上	
		3.对党员党性、党风、党纪教育的有关材料	10 年	同上	
		4.公司对干部、职工理论学习、时事政治教育和精神文明建设、思想政治工作会议材料	30 年	同上	
		5.本公司编制的书、报、刊物；在市级以上媒体发表的具有影响力的新闻、通讯、工作简报	永久	同上	
		6.统战工作形成的文件	永久	同上	
05	工会工作	1.工会年度工作计划、总结	永久	工会部门	
		2.工会会议记录	永久	同上	
		3.职代会、工代会材料			
		3.1 工会请示、上级批复、通知、会议议程、代表名单、工作报告、领导讲话、审议通过的文件、决议、提案、选举结果、记录重要的音像、电子文件等	永久	同上	
		3.2 大会发言、交流、重要的贺信、贺电、筹备工作、选举工作中形成的文件材料、小组会议记录、讨论未通过的文件等	10 年	同上	
		4.工会机构设置、干部任免、工会更名等的请示、批复、决定、通知，启停用印章、工会大事记、组织沿革等	永久	同上	
		5.职工民主管理、职工维权、工会组织制度、劳保福利、会员名册、会员管理制度、条例、章程；班组建设、合理化建议	30 年	同上	
		6.劳动竞赛、劳模、先进材料	永久	同上	
		7.工会会费、财务管理、职工困难补助形成的文件	永久	同上	
		8.文体活动、宣传、女工工作、调解工作等方面的文件材料	永久	同上	

续表

分类号	类目名称	归档范围	保管期限	归档部门	备注
		9.工会年度统计、报表	永久	同上	
06	共青团、青年工作	1.公司共青团工作计划、总结	永久	团青部门	
		2.团委会、团委扩大会会议记录、决议	永久	同上	
		3.团代会材料			
		3.1 团委请示、上级批复、通知、会议议程、代表名单、工作报告、领导讲话、审议通过的文件、决议、提案、选举结果、记录重要的声像、电子材料等	永久	同上	
		3.2 大会发言、交流、重要的贺信、贺电、筹备工作、选举工作中形成的文件材料、小组会议记录、讨论未通过的文件等	10 年	同上	
		4.团青工作			
		4.1 共青团组织发展、团费管理、劳动竞赛、表彰先进、文体活动等依据性文件材料	永久	同上	
		4.2 团青工作日常性活动的通知	10 年	同上	
		5.团员名册、统计年报	永久	同上	
07	协会、学会工作	1.年度工作计划、总结，机构设置、章程、会员管理等文件材料	永久	行政部门	
		2.协会、学会工作的通知、规定（含技术咨询服务的规定，评比先进）	10 年	同上	
		3.获奖论文	永久	同上	
		4.技术咨询服务合同、协议	30 年	同上	
		5.年度统计报表、名册	永久	同上	
09	其他			相关部门	
1	行政管理				
10	行政综合			行政部门	
11	行政事务	1.本企业设立、变更、解散过程文件材料			
		1.1 本企业筹办和设立机构单位的申请文件材料、上级部门、政府相关部门批准设立本企业的相关文件材料	永久	行政部门	
		1.2 本企业设立登记相关证照、证照变更登记文件材料	30 年	同上	
		1.3 本企业章程送审稿、批准稿及正式文本	30 年	同上	
		1.4 企业合并、分立、改制、上市、破产、解散或其他变更公司形式等过程中形成的文件材料	永久	同上	

续表

分类号	类目名称	归档范围	保管期限	归档部门	备注
		1.5 本企业董事会、监事会、股东会构成及变更等方面的文件材料	永久	同上	
		1.6 本企业董事会、监事会、股东会构成及变更文件材料，发起人协议	永久	同上	
		1.7 董事会、监事会、股东代表大会会议形成的文件材料	永久	同上	
		1.8 会议通知、议程、报告、决议、决定、公报声明、记录、领导人讲话、总结、纪要、讨论通过文件材料、参加人员名单	永久	同上	
		1.9 印信启、停用文件材料	永久	同上	
		2.请示、报告、批复、批示文件			
		2.1 本公司就公司重大决策向有关机关、上级主管单位的请示、报告，有关机关、上级主管单位的批复	永久	同上	
		2.2 公司日常事项的请示、报告、批复	30 年	同上	
		2.3 无批复的日常工作事项文件材料	10 年	同上	
		3.规划、计划、总结			
		3.1 公司发展规划、年度计划、总结、实施方案	永久	同上	
		3.3 公司经营目标责任书、业绩考核评价材料	30 年	同上	
		4.会议记录、纪要：本公司总经理办公会、月度工作会、安全生产会、工程建设会、会议记录、纪要，董事会成套文件材料	永久	同上	
		5.会议			
		5.1 本公司召开的重大项目专题会议文件材料	永久	同上	
		5.2 本公司召开会议文件材料	30 年	同上	
		5.3 本公司承办的大型会议的文件材料中相关请示、批复、申办和筹办组委会组建文件材料、主要活动安排、议程、名单、报告、领导贺辞、题词、讲话、简报、新闻报道、影像材料	永久	同上	
		5.4 本公司承办的大型会议的文件材料中有关代表发言，学术讨论记录、代表登记表、接待安排	30 年	同上	
		6.领导视察			
		6.1 省部级以上领导、社会知名人士检查、视察、调研本公司工作时形成的文件、工作汇报、录音录像等材料	永久	同上	
		6.2 有关机关、上级主管部门领导检查、调研形成的文件材料	30 年	同上	

分类号	类目名称	归档范围	保管期限	归档部门	备注
		7.公司发展战略、改制、重组、资产调整等重大决策事项	永久	同上	
		8.公司参与、投入社会公益、赈灾、扶贫、献血、拥军优属、慈善、捐赠事业等的记录文件	永久	同上	
		9.公司成立、改制、更名等申请、批准材料，工商登记、营业执照、机构代码证、税务登记证、许可证、土地证、房产证等证照办理、变更材料	永久	同上	
		10.本企业资产管理文件材料			
		本企业土地、房屋、基础设施等不动产产权登记文件材料，重要的技术装备、设备、车辆等固定资产登记文件材料，自然资源的所有权、使用权、收益权等申请、批准、登记的文件材料	永久	同上	
12	法律事务	1.法院判决书、调解书等诉讼、仲裁文件材料，案件、纠纷、行政处罚、复议及公证事务中结论性材料	永久	法务部门	
		2.事务工作文件、普法规划、年度计划、规章、制度、办法，案件、纠纷、行政处罚、复议及公证事务中调查、协调过程中形成的文件材料	30 年	同上	
		3.公司签署的长期战略性合同或协议及补充件	永久	同上	
		4.公司签署的长期的或短期重要事项的合同、协议及补充件	30 年	同上	
13	公文、机要、保密、档案工作等				
		1.公文、机要、保密工作制度、规定、办法、总结等文件材料	永久	办公室	
		2.公文、机要、保密、档案工作规划、计划、保密资格认证、检查等；档案开发、编研成果，档案移交清单、销毁清册；档案工作制度、规定、办法、总结；档案管理专题材料及有关证书等；档案年报	30 年	办公室	
		3.公司的史、志、年鉴、大事记、组织沿革等编研成果	永久	办公室	
14	信访				
		1.有领导重要批示和处理结果的文件材料	永久	信访部门	
		2.其他有处理结果的文件材料	30 年	同上	
		3.有本企业处理结果的文件材料	10 年	同上	

分类号	类目名称	归档范围	保管期限	归档部门	备注
15	监察工作	1.监察工作的计划、总结；监察会议记录；违反政纪检举、控告材料	30 年	监察部门	
		2.案件处理		同上	
		2.1 本公司调查处理违纪案件材料	30 年	同上	
		2.2 批准立案的报告意见、审查结论和处理决定、结案报告及其与本案有关的重要材料	永久	同上	
		3.公司监察对象的申诉、调查复审材料	30 年	同上	
		4.年度统计报表	永久	同上	
16	外事工作				
		1.外事活动的计划、总结，外事工作的通知、规定	永久	外事部门	
		2.外事工作中双方负责人讲话、纪要、协议、题词、声像材料	永久	同上	
		3.出访考察、参加国际会议、接待来访等外事活动、出访审批文件材料	永久	同上	
		4.外事接待工作	10 年	同上	
17	行政后勤、保障				
		消防保卫		行政部门	
		1.1 工作规划、计划、总结、报告、报表	30 年	同上	
		1.2 消防保卫安全检查、调查方案、记录、通报，交通管理文件材料	30 年	同上	
		2.综合治理	30 年	同上	
		3.日常事务性文件材料	10 年	同上	
		4.医疗卫生			
		4.1 传染病（新冠）的防疫、防控文件	30 年	同上	
		4.2 体检、重大疾病、特种病、医疗保险等文件	30 年	同上	
		4.3 统计年报表	永久	同上	
		5.后勤福利			
		5.1 房地产、物业管理规定、办法	永久	同上	
		5.2 公司住房分配、出售、出租等合同、协议	永久	同上	
		5.3 食堂、接待、后勤管理工作	10 年	同上	
		5.4 车辆、道路、绿化用水、用汽、用电管理等规定、办法	30 年	同上	

续表

分类号	类目名称	归档范围	保管期限	归档部门	备注
		5.5 非生产性小土建、公共设施维修	10 年	同上	
		5.6 企业职工承租、购置企业房产的合同、协议和有关手续	永久	同上	
		5.7 统计报表	永久	同上	
19	其他			相关部门	
2	经营管理				
20	综合			经营部门	
21	经营决策	本企业经营决策、建设项目（含境外项目）管理、企业管理、资本经营、物资管理、产品与服务业务管理、市场开发与营销、产品与服务销售管理、售后服务管理、客户信息、信誉、统计等管理工作文件材料	永久	同上	
22	市场开发与营销			营销部门	
		1.市场营销工作总结、制度，营销组织、市场网络建设、境外市场拓展、品牌建设等文件材料	永久	同上	
		2.市场营销工作规划、计划等	30 年	同上	
		3.产品销售计划文件材料，产品订货会、市场分析和用户调查文件材料	30 年	同上	
		4.产品市场推广、营销宣传等文件材料	30 年	同上	
		5.业务开办、产品上市或终止的申请、报备、批复等文件材料	永久	同上	
		6.销售管理制度、规定、办法，销售合同、协议、函件	30 年	同上	
		7.售后服务文件材料	30 年	同上	
		8.客户信息及资信调查文件材料	10 年	同上	
23	计划统计	1.经营计划、决策文件材料		计划部门	
		1.1 本企业中长期规划、纲要，重要的经营决策文件材料	永久	同上	
		1.2 本企业年度计划、任务目标、总结、统计文件材料		同上	
		1.2.1 经济指标完成情况分析	永久	同上	
		1.2.2 本企业半年、季度、月份等经营工作计划、总结、统计文件材料	永久	同上	
		1.2.3 本企业、所属和控股企业的经营目标责任书、业绩考核评价文件材料	30 年	同上	
		2.技术经济指标完成情况分析	30 年	同上	
		3.统计报表及统计资料汇编	10 年	同上	

分类号	类目名称	归档范围	保管期限	归档部门	备注
24	物资管理	1.燃煤物资申请、调拨、指示分配计划	30 年	物资部门	
		2.燃煤物资管理工作制度、规定、办法	永久	同上	
		3.燃煤及大宗物资台账、统计报表	永久	同上	
		4.物资分配记录	10 年	同上	
25	合同管理				
		1.采购合同、协议		物资部门	
		1.1 大宗物资招标、投标、合同、协议	30 年	同上	
		1.2 服务等招标、投标、合同、协议	30 年	同上	
		1.3 易耗、低值物资供应文件	10 年	同上	
		2.合格供应商库管理	30 年	同上	
		3.评标专家库管理	永久	同上	
26	信用管理			经营部门	
		本企业特许经营权证文件材料,本企业资质认证、商誉评估、信用评级等文件材料	永久	同上	
29	其他			相关部门	
3	生产技术管理				
30	综合				
31	生产管理				
		1.设备技术管理的通知、规定、办法(设备可靠性管理、设备评级与可调出力、设备异动、完善化、备品定额管理、固定资产管理等)	永久	生产部门	
		2.生产技术管理的条例、制度、规定、总结等	永久	同上	
		3.检修、调度、运行管理			
		3.1 技术改进措施、运行方式、电网、电压、负荷管理、继电保护等办法、规定	30 年	同上	
		3.2 日常事务性通知	10 年	同上	
		3.3 检修三年滚动规划、计划、总结	10 年	同上	
		4.三项费用			
		4.1 计划、总结、报告、请示、批复	30 年	同上	
		4.2 三项费用无批复意见的报告、请示	10 年	同上	

续表

分类号	类目名称	归档范围	保管期限	归档部门	备注
		5.四项监督			
		5.1 金属、绝缘、化学、仪表及其他生产技术监督和网络活动过电压保护办法、规定等	30 年	同上	
		5.2 四项监督日常事务性通知	10 年	同上	
		6.节能管理			
		6.1 节能管理（含节水、节煤、节电、线损）的办法、规定	30 年	同上	
		6.2 日常事务性通知、计划、总结	10 年	同上	
		7.燃料管理			
		7.1 年度统计、报表	永久	同上	
		7.2 燃料管理（含煤码头、油码头铁路专用线管理等）的规定、办法	30 年	同上	
		7.3 日常事务性通知、计划、总结	10 年	同上	
32	质量管理				
		1.全面质量管理工作条例、制度、规定、总结、质量体系建设、运行及管理文件材料，创优获奖证书	永久	质量管理部门	
		2.全面质量管理的规划、计划、措施等	30 年	同上	
		3.QC 小组活动材料	10 年	同上	
		4.年度统计报表	永久	同上	
33	安全环保				
		1.安全技术管理通知、规定、通报、总结，自然灾害文件材料	永久	安环部门	
		2.安全技术措施、计划	30 年	同上	
		3.安全教育的通知、材料	10 年	同上	
		4.迎峰度夏措施、通知等	10 年	同上	
		5.压力容器管理规定、办法	永久	同上	
		6.事故报告、调查分析			
		6.1 公司重大事故请示、报告、批复及调查分析材料（包括：事故报告、调查分析）	永久	同上	
		6.2 设备、交通等非生产事故及障碍、未遂事故	30 年	同上	
		7.特殊工种考核通知、规定、办法	永久	同上	
		8.环保通知、规定、纪要	永久	同上	
		9.环保工作制度、总结、措施	永久	同上	

分类号	类目名称	归档范围	保管期限	归档部门	备注
		10.环境保护的工作规划、计划、通知、规定、会议纪要	30年	同上	
		11.环境调查和污染治理及费用和赔偿等材料	永久	同上	
		12.粉煤灰综合利用等材料	10年	同上	
		13.安全简报、通报	10年	同上	
		14.年度统计报表	永久	同上	
34	节能管理				
		1.节能管理(含节水、节煤、节电、线损)的办法、规定	30年	生产部门	
		2.日常事务性通知、计划、总结	10年	同上	
35	计量与标准化				
		1.标准、计量		生产部门	
		1.1 标准、计量工作制度、规定、办法、总结	30年	同上	
		1.2 标准、计量工作规划、计划	30年	同上	
		2.公司标准			
		2.1 本公司技术标准	永久	同上	
		2.2 本公司管理标准	永久	同上	
		2.3 本公司工作标准(含党、工、团工作标准)	永久	同上	
		3.年度统计报表	永久	同上	
36	科技和科研管理				
		1.科技管理		科技部门	
		1.1 科技管理工作制度、总结、科技攻关项目、成果管理等	永久	同上	
		1.2 科技发展规划、计划、办法、会议纪要	30年	同上	
		1.3 项目技术咨询、服务合同、合同附件、补充协议、合同谈判纪要、变更文件	10年	同上	
		1.4 技术革新、技术改造的有关制度、方案、措施等	10年	同上	
		1.5 合理化建议材料	10年	同上	
		1.6 学术交流文件材料	10年	同上	
		1.7 年度统计报表	永久	同上	

分类号	类目名称	归档范围	保管期限	归档部门	备注
		2.科研管理			
		2.1 立项论证阶段			
		2.1.1 项目指南、可行性研究报告，项目经费预算文件材料，申报书及相关证明	永久	同上	
		2.1.2 立项评审文件材料，预算申诉、评审文件材料	永久	同上	
		2.1.3 立项（含预算）批复，任务合同书（含预算书）及各类协议等	永久	同上	
		2.2 研究实施及过程管理阶段 2.2.1 研究计划、组织实施工作方案，研究、实验任务书、大纲，实验、探测、测试、观测、观察、野外调查、考察等的原始记录和整理记录，综合分析报告	永久	同上	
		2.2.2 设计文件、图样，集成电路布图，工艺文件，计算文件，数据处理文件；科学数据	永久	同上	
		2.2.3 研制的样机、样品、标本等的实物及其目录、图片等	永久	同上	
		2.2.4 中期、年度等阶段执行进展情况报告、总结报告、研究成果等	永久	同上	
		2.2.5 项目、人员、进度、经费等的调整、变更文件材料	永久	同上	
		2.2.6 撤销项目已开展工作、已使用经费、已购置设备仪器、阶段性成果、知识产权等情况文件材料	永久	同上	
		2.2.7 专家咨询、中期检查、中期评审、项目监督工作形成文件材料	永久	同上	
		2.2.8 建设的中试线、试验基地、示范点一览表、图片及数据等	永久	同上	
		2.3 结题验收及绩效评价、成果管理阶段	永久	同上	
		2.3.1 验收申请书，验收承诺书	永久	同上	
		2.3.2 工作总结报告，技术报告，项目经费决算等财务情况文件材料	永久	同上	
		2.3.3 验收通知，验收评审文件材料	永久	同上	
		2.3.4 验收现场测试报告，第三方检测、测试、评估报告，用户使用报告及证明、典型用户报告、产业化审核报告等；验收结论书，结题书面通知等	永久	同上	
		2.3.5 绩效自评价报告，专家评议文件材料、评价结论等绩效评价工作文件材料	永久	同上	

分类号	类目名称	归档范围	保管期限	归档部门	备注
		2.3.6 研究报告、论文、专著、数据库等研究成果文件材料	永久	同上	
		2.3.7 自评价报告，科技报告		同上	
		2.3.8 专利、软件及其他知识产权文件材料		同上	
		2.3.9 产业化报告、证书、出版物等成果应用、获奖、宣传推广文件材料		同上	
37	信息管理				
		1.计算机管理的工作制度、规定、办法、总结材料	永久	信息部门	
		2.计算机管理的工作规划、计划	30 年	同上	
		3.计算机管理和应用的通知	30 年	同上	
		4.本公司计算机信息管理、存储系统软件材料	30 年	同上	
		5.年度统计报表	永久	同上	
38	基建管理				
		1.基建管理			
		1.1 重大工程建设项目安排事项	永久	基建部门	
		1.2 长远规划；勘测设计管理（资格认证、设计招标、投标等）	30 年	同上	
		1.3 基建工程管理的规定、办法（征、租土地，建筑市场管理等）	永久	同上	
		1.4 工程项目管理等文件材料	30 年	同上	
		1.5 工程概算定额管理规定及外包管理	永久	同上	
		1.6 公司定额（含预算、资金、消耗、工具定额等）	30 年	同上	
		2.施工管理			
		2.1 施工及设备管理工作计划、总结	30 年	同上	
		2.2 施工调度会议、准备工作会议材料	30 年	同上	
		2.3 施工技术及设备管理的规定、办法、条例、通知等	30 年	同上	
		2.4 重要设备订购、报废、设备选型、订购合同	永久	同上	
		3.年度统计、报表	永久	同上	
39	其他			相关部门	
4	财务审计				
40	综合				
41	财务管理	1.大额度资金运作事项	永久	财务部门	

续表

分类号	类目名称	归档范围	保管期限	归档部门	备注
		2.财务管理制度、规定、办法、总结、会议纪要和各种补贴标准	永久	同上	
		3.财务管理工作计划、报告、通知	30 年	同上	
		4.流动资金核定、结算材料	30 年	同上	
		5.固定资产的新增、报废、调拨、清产核资、设备保险等材料	30 年	同上	
		6.专项资金的提取、分配通知、请示、批复	30 年	同上	
		7.生产财务和成本、财务收支计划、经济分析、利润等	永久	同上	
		8.增收节支的规定、通知	10 年	同上	
		9.基建财务管理的规定、办法、意见等	永久	同上	
		10.公司关于财政、税收物价大检查、能源交通建设基金、预算调节基金、教育基金等规定、办法、通知、请示、批复	永久	同上	
		11.价格管理的规定、意见、通知	永久	同上	
		12.控购及费用开支和收费标准的规定、意见、办法、通知	30 年	同上	
		13.本企业年度预、决算材料	永久	同上	
42	资产管理				
		1.本企业资产与产权转让、买卖、抵押、租赁、许可、变更、清算、评估、处置、注销等资产变动文件材料	永久	资产管理部门	
		2.本企业其他债权、债务登记文件材料	永久	同上	
		3.项目投资文件材料：投资企业董事会、股东会文件材料、投资企业的财务报告、红利分配文件材料，股权证、转让协议等股权管理文件材料	永久	同上	
		4.本企业在并购、参股、股权受让、基金业务及债权型投资等投资业务中形成的其他文件材料	30 年	同上	
		5.本企业资本登记、资本变动、融资文件材料			
		5.1 国有资产管理部门对本企业国有资本金核算、确认、划转、变更的文件材料	永久	同上	
		5.2 其他非国有组织或机构资本对本企业投资、投入核算登记、确认文件材料	永久	同上	
		5.3 评估报告、审计报告、承销商出具的核查意见，股票发行上市辅导汇总报告、发行人律师意见书、律师工作报告、股东大会决议、董事会通过的资金运用方案决议、固定资产投资项目建议书、招股说明书及发行公告（含财务报告、盈利预测报告）	永久	同上	

分类号	类目名称	归档范围	保管期限	归档部门	备注
		5.4 增资扩股文件材料	永久	同上	
		5.5 股权转让文件材料	永久	同上	
		5.6 债权融资文件材料	永久	同上	
		5.7 本企业股东、股权登记文件材料	永久	同上	
		5.8 本企业融资工作中形成的其他文件材料	永久	同上	
43	会计账务				
430	会计凭证类	原始凭证、记账凭证	30 年	财务部门	
431	会计账簿类	总账（包括日记总账）、明细账、日记账、固定资产卡、其他辅助账簿	30 年	同上	
432	财务报告（会计报表）	1.月、季度财务报告；基本养老保险月、季报表	30 年	同上	
		2.年度财务会计报告	永久	同上	
		3.工资单	永久	同上	
433	其他会计资料				
		1.会计档案移交清册	30 年	同上	
		2.会计档案保管、销毁清册	永久	同上	
		3.银行存款余额调节表、银行对账单、纳税申报表、增值税进项抵扣汇总、库存现金盘点表、仓库盘点表、固定资产申请单	10 年	同上	
44	内控、审计				
		1.公司颁发的关于风险管理、内控、审计工作制度、规定、总结等	永久	内控部门	
		2.专项审计：经审计机关批准的审计任务书、通知书，审计结论和处理决定	永久	同上	
		3.风险管理、内控、审计工作方案、计划、报告、纪要等，内部控制管理手册、风险识别、评估、控制等过程形成的文件材料，重大风险评估报告，风险管理体系建设文件材料	30 年	同上	
		4.统计年报表	永久	同上	
49	其他			同上	

分类号	类目名称	归档范围	保管期限	归档部门	备注
5	人事劳资				
50	综合				
51	机构编制	1.本公司机构设置、撤并、名称变更、岗位职责设计、人员编制等文件材料	永久	人资部门	
		2.本公司各种行政临时机构设置	10 年	同上	
52	干部管理	1 干部管理的规定、办法、通知等文件材料，落实干部及知识分子政策的报告、批复及有关材料	永久	人资部门	
		2.干部调进、调出、大中专毕业生分配的介绍信存根	永久	同上	
		3.军队专业干部安置的通知、规定	30 年	同上	
		4.干部考察、审查材料（含出国人员政审）	永久	同上	
		5.本公司及省部级（含）以上表彰、受到警告（不含）以上处分文件材料	永久	同上	
		6.其他表彰、奖励的，受到警告处分的文件	30 年	同上	
		7.重要人事任免事项，干部任免文件	永久	同上	
		8.干部离、退休、退职及其待遇规定、通知、审批材料	永久	同上	
		9.各类专业技术人员职称评定请示、批复、通知，职称评定工作的规定、办法	永久	同上	
		10.统计报表、干部名册、离休干部名册	永久	同上	
53	劳动用工				
		1.公司关于劳动管理的规定、办法、通知、会议纪要等文件	永久	人资部门	
		2.劳动定额、职工录用、劳动指标申请、就业、合同工临时工、退役人员的安置、农转非请示报告、批复、合同、协议	永久	同上	
		3.职工调进、调出介绍信及存根，职工工资转移存根；因产权变动所致职工身份变化的文件材料	永久	同上	
		4.职工退职、退休（含辞退、留职、停薪）、抚恤、死亡等文件材料	永久	同上	
		5.本公司各级岗位责任制、经济责任制的文件材料	30 年	同上	
		6.班组建设班组长和重要岗位人员的任免文件	30 年	同上	
		7.技师评聘请示、报告、批复	永久	同上	
		8.职工奖惩、考核材料			

分类号	类目名称	归档范围	保管期限	归档部门	备注
		8.1 本公司及省部级（含）以上表彰、受到警告（不含）以上处分	永久	同上	
		8.2 其他表彰、奖励的，受到警告处分的	30 年	同上	
		9.劳动保险、劳动保护、福利			
		9.1 具有指导性价值的文件材料	永久	同上	
		9.2 一般参考性的文件材料	10 年	同上	
		10.企业劳务出口工作形成的材料	永久	同上	
		11.统计报表、职工名册、退休职工名册	永久	同上	
54	绩效薪酬	1.劳动工资工作总结、会议纪要，各种资金、津贴发放，工资调整、改革的方案、规定、请示、报告、批复等文件材料	永久	人资部门	
		2.本公司、本系统考核与验收文件（如上岗合同书、聘用名单、岗位测评表、考核结果材料等）	永久	同上	
		3.统计报表、调资花名册、测算表	永久	同上	
55	职称评审				
		1.职称评审相关办法、制度等	30 年	人资部门	
		2.职称评审通知、通报等	永久	同上	
56	社会保障				
		1.社保相关制度、规定等	30 年	人资部门	
		2.社保年度报表等	永久	同上	
57	教育培训				
		1.公司关于职工教育、培训的规定、办法、通知	30 年	人资部门	
		2.职工教育、培训工作计划、总结	10 年	同上	
		3.教育、培训费用规定、办法、通知	30 年	同上	
		4.各类学历教育结业、毕业统计名册	永久	同上	
		5.自编教材、培训资料	30 年	同上	
		6.统计报表	永久	同上	
59	其他			同上	

附录 B 风力发电企业科技文件归档与整理规范

（NB/T 31021—2024 代替 NB/T 31021—2012）

前　　言

本文件按照 GB/T 1.1—2020《标准化工作导则　第 1 部分：标准化文件的结构和起草规则》的规定起草。

本文件代替 NB/T 31021—2012《风力发电企业科技文件归档与整理规范》，与 NB/T 31021—2012 相比，除结构调整和编辑性改动外，主要技术变化如下：

a）调整补充了"照片档案的归档与整理"（见第 7 章）；

b）增加了"实物档案的归档与整理"（见第 8 章）；

c）调整补充了"电子文件归档与整理"（见第 9 章）；

d）修订了"风力发电企业科技档案分类"（见附录 A）；

e）增加了海上风力发电企业科技文件归档内容，补充了风力发电企业科技文件归档范围及保管期限划分（见附录 B）；

f）增加了"档案整理表式"（见附录 C）；

g）增加了"风力发电企业工程照片归档范围"（见附录 D）。

请注意本文件的某些内容可能涉及专利。本文件的发布机构不承担识别专利的责任。

本文件由中国电力企业联合会提出。

本文件由能源行业风电标准化技术委员会风电场运行维护分技术委员会
（NEA/TC 1/SC 3）归口。本文件起草单位：国家电投集团内蒙古能源有限公司、
国家电力投资集团有限公司、中国电力国际发展有限公司、上海能源科技发展
有限公司、中国华能集团有限公司。

本文件主要起草人：李国华、柳黎、华俊、李哲村、卢秀英、肖贝、郝春
英、边翠、邵甜甜、蒋术、张萍。

本文件及其所代替文件的历次版本发布情况为：

——2012 年首次发布为 NB/T 31021—2012；

——本次为第一次修订。

本文件在执行过程中的意见或建议反馈至中国电力企业联合会标准化管理
中心（北京市白广路二条一号，100761）。

1 范围

本文件规定了风力发电企业科技文件、照片、实物及其电子文件归档、整
理和移交等内容。

本文件适用于风力发电企业科技文件归档与整理工作。

2 规范性引用文件

下列文件中的内容通过文中的规范性引用而构成本文件必不可少的条款。
其中，注日期的引用文件，仅该日期对应的版本适用于本文件；不注日期的引
用文件，其最新版本（包括所有的修改单）适用于本文件。

GB/T 10609.3 技术制图 复制图的折叠方法

GB/T 11821 照片档案管理规范

GB/T 11822—2008 科学技术档案案卷构成的一般要求

GB/T 18894—2016　电子文件归档与电子档案管理规范

DA/T 28　建设项目档案管理规范

DA/T 47　版式电子文件长期保存格式需求

DA/T 50　数码照片归档与管理规范

DA/T 69　纸质归档文件装订规范

DA/T 92　电子档案单套管理一般要求

JGJ 25　档案馆建筑设计规范

3　术语和定义

下列术语和定义适用于本文件。

3.1

科学技术文件　scientific and technological document

记录和反映科学研究、生产运营、项目建设活动和设备仪器运行、维护及其管理工作的文字、图表、声像等不同形式文件材料的总称，简称"科技文件"。

3.2

科学技术档案　scientific and technological records

国家机构、社会组织以及个人从事各项社会活动形成的，对国家、社会、企业和个人具有保存价值的，应归档保存的科技文件，简称"科技档案"。

［来源：GB/T 11822—2008，3.2］

3.3

实物档案　physical records

国家机构、社会组织或个人在社会活动中制作或获取的，以特定有形物品存在的具有保存价值的实物。

［来源：DA/T 89—2022，3.1］

3.4

电子文件 electronic document

国家机构、社会组织或个人在履行其法定职责或处理事务过程中，通过计算机等电子设备形成、办理、传输和存储的数字格式的各种信息记录。电子文件由内容、结构、背景组成。

〔来源：GB/T 18894—2016，3.1〕

3.5

电子档案 electronic records

具有凭证、查考和保存价值并归档保存的电子文件（3.4）。

〔来源：GB/T 18894—2016，3.2〕

3.6

元数据 metadata

描述电子文件（3.4）和电子档案（3.5）内容、背景、结构及其管理过程的数据。

〔来源：GB/T 18894—2016，3.3〕

3.7

文件归档 filing of document

风力发电企业在生产运营、科学研究、项目建设和设备仪器检修维护工作完成后，职能部门及有关单位将具有保存价值的文件经系统整理交档案部门保存的过程。

3.8

整理 archival arrangement

按照一定原则对档案进行系统分类（3.9）、组合、排列、编号和基本编目，使之有序化的过程。

3.9

分类　classification

根据档案来源、形成时间、内容、形式等特征对档案实体进行有层次的划分。

3.10

档案移交　transfer of records

企业职能部门及有关单位将整理（3.8）完毕的档案，经部门负责人及有关质量监管单位审核后，按程序交给档案部门归档保存的过程。

4　总体要求

4.1　风力发电企业科技档案工作应与企业发展、项目建设统筹规划，同步实施，建设项目与参建单位签订合同时，应设立专门条款明确项目文件归档要求。科技档案工作实行统一领导、统一管理、统一制度、统一标准。

4.2　风力发电企业根据实际情况制定档案管理制度和业务规范；编制本企业科技档案分类方案，科技文件归档范围和保管期限划分表，应符合附录 A、附录 B 的要求。

4.3　风力发电企业应设置科技档案归口管理部门，配备专职档案人员，开展各项档案管理工作，组织建设项目档案验收工作。

4.4　风力发电企业应加强科技档案信息化建设，逐步建立数字档案馆，实现档案资源数字化、信息采集标准化、信息存储安全化、信息服务网络化。

4.5　风力发电企业应设置档案库房，配备设施设备，库房及设施设备应符合 JGJ 25 规定。同时对重要科技档案实行异地异质备份，涉密科技档案的管理应严格按照国家保密规定执行。

4.6　风力发电企业应维护科技档案的完整、准确、系统与安全。

5 科技文件归档

5.1 归档职责

5.1.1 风力发电企业负责本企业在生产运营、科学研究、项目建设和设备仪器等管理活动中形成的科技文件归档工作。

5.1.2 风力发电企业在风电场设备运行、检修维护、技术监督、技术改造等活动中形成的科技文件应由生产技术管理部门负责收集、整理，移交档案部门归档。

5.1.3 风力发电企业在科学研究活动中形成的科技文件应由科研主管部门负责收集、整理，移交档案部门归档。

5.1.4 风力发电企业应负责项目建设中形成的项目文件的收集、整理和归档工作。

5.1.5 建设单位应在项目开工前对参建单位进行项目档案管理规定交底；负责项目前期、工程管理和竣工验收阶段形成文件的收集、整理和归档工作；负责对参建单位项目文件形成和归档全过程监督、检查、指导，审查、接收参建单位移交的项目档案，并汇总整理、系统编制检索工具。

5.1.6 设计、施工、调试、监理等各参建单位负责所承担工程项目文件的收集、整理和归档工作，监理单位负责对所监理项目归档文件的审查，并编制竣工文件审核报告。

5.1.7 实行总承包管理的项目，总承包单位负责项目总承包范围内项目文件的收集、整理和归档工作，并负责监督、检查、指导、审核分包单位项目文件的整理和归档工作。

5.2 归档范围

5.2.1 风力发电企业应将生产运行、科技研究、项目建设、设备仪器等业务活动中形成的、具有保存价值的各种形式和载体的科技文件纳入归档范围。

5.2.2　风力发电企业科技文件归档范围应符合附录 B 的要求。

5.3　归档时间

5.3.1　电力生产文件应在次年 3 月底前归档。

5.3.2　科技研究文件应在项目鉴定、评审结果公示后 1 个月内归档。

5.3.3　技术改造项目文件应在项目完工后 3 个月内归档。

5.3.4　新建、扩建项目文件，应在项目全容量并网 3 个月内归档。对于工期较长项目，可按标段或单位工程竣工后 3 个月内分批移交归档。

5.3.5　设备仪器文件应在设备开箱检验后及时收集、归档。

5.4　归档份数

5.4.1　归档文本文件宜一式一份，设备文件、竣工图宜一式两份。

5.4.2　对于利用频繁的文件，可根据需要增加份数。

5.5　归档文件质量

5.5.1　科技文件应齐全完整、准确规范、真实有效，签字及盖章完备。

5.5.2　科技文件应字迹清楚，图样清晰，记录载体和方式应符合档案耐久性保存要求。

5.5.3　科技文件应原件、正本归档。无原件归档的文件，应在复制件首页说明原件存放单位并加盖原件存放单位或复制件提供单位公章，确保与原件一致。

5.5.4　用于记录专业施工与验收的表格式文件，应符合相关技术标准要求，表格中不需要填写内容的部分应划"/"线，表格下半部分无内容宜标注"以下空白"。

5.5.5　需要闭环管理的科技文件，执行单位应按质量管理要求编制闭环文件。

5.5.6　竣工图应按 DA/T 28 的规定编制，逐张加盖并签署竣工图章。

5.5.7　由设计单位编制竣工图的，竣工图章见图 1；同时，监理单位逐张加盖并签署竣工图审核章，见图 2。

单位为毫米

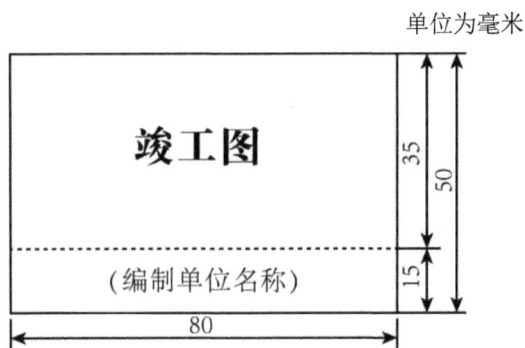

图 1　竣工图章

单位为毫米

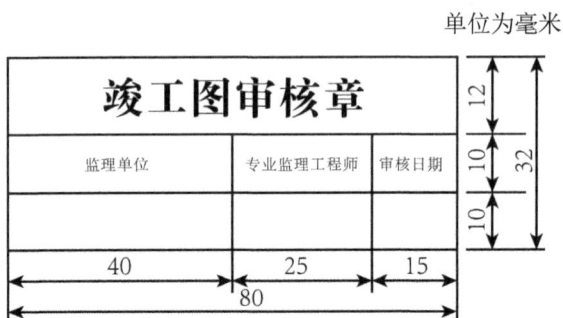

图 2　竣工图审核章

5.5.8　由施工单位编制竣工图的，竣工图章见图 3，编制单位、监理单位
相关人员签名确认。

单位为毫米

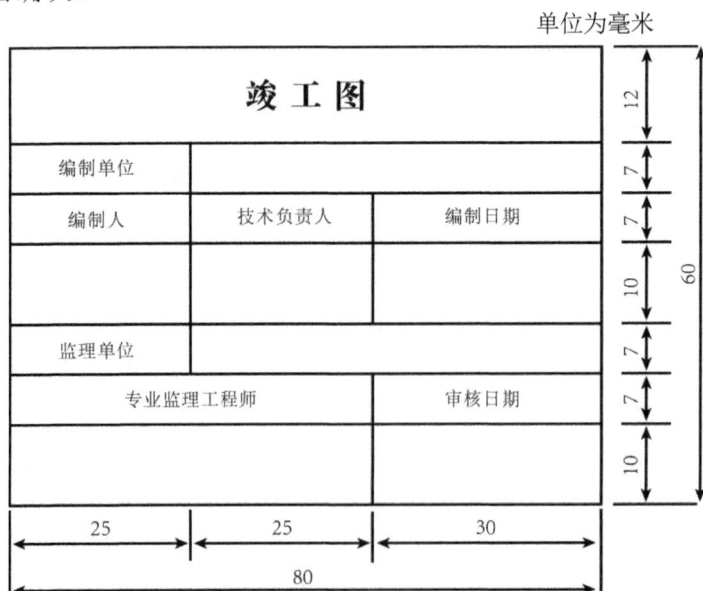

图 3　竣工图章

5.5.9 竣工图章、竣工图审核章应使用红色印泥，盖在标题栏附近空白处。竣工图纸应按 GB/T 10609.3 的规定统一折叠。

6 科技文件整理

6.1 基本要求

6.1.1 整理工作包括科技文件价值鉴定、分类、组卷、排列、编目、装订等内容。

6.1.2 科技文件整理应遵循文件形成规律和成套性特点，保持卷内文件有机联系，分类科学，组卷合理，便于保管和利用。

6.1.3 新建、扩建、技术改造项目竣工后，应整理项目档案管理卷移交建设单位，纳入风力发电企业全宗卷。项目档案管理卷主要内容应包括项目概况、标段划分、参建单位归档情况、档案收集整理情况、交接清单等。

6.2 鉴定

6.2.1 科技文件整理前，应根据文件查考与凭证价值进行鉴定，确定保管期限。保管期限分为永久与定期。

6.2.2 证明项目建设和生产运营合法合规、反映工程质量和竣工验收依据性文件以及对文件保管单位有长远利用价值的文件应永久保管。

6.2.3 在一定时期内对文件保管单位有参考、利用价值的科技文件，应定期保管。定期保管年限根据其参考利用价值分为 30 年和 10 年。

6.3 分类

6.3.1 分类原则

6.3.1.1 以风力发电企业在电力生产、科学技术研究、建设项目、设备仪器管理活动中形成的全部科技文件为对象，按文件的来源结合文件形成阶段、专业性质、特点和形成规律，保持科技档案的成套、系统和有机联系进行分类。

6.3.1.2 分类表应具有概括性、包容性及相对的稳定性和扩充性。

6.3.2 类目设置及标识

6.3.2.1 分类表设置一级类目四大类，采用 6～9 标识，即 6 为电力生产类、7 为科学技术研究类、8 为建设项目类、9 为设备仪器类。

6.3.2.2 电力生产、建设项目、设备仪器类一级类目下分别设置二、三级类目，科学技术研究类一级类目下设置二级目录。二、三级类目采用 001～999 标识，各级类目之间为上下位类的隶属关系。

6.3.2.3 分类表各级类目号即为分类号，分类表内容及标识应符合附录 A 的要求。

6.3.3 分类表使用方法

6.3.3.1 企业在电力生产、科学技术研究、建设项目、设备仪器管理具体业务活动中形成的科技文件应归入 6～9 大类专属类目。对同一类目下的文件内容具有共性且涉及多个类目或内容来源有交叉的，宜归入"综合"类目。对同一类目下的文件内容不能明确归入专属类目的，可归入"其他"类目。

6.3.3.2 同一类目下形成的文件数量较少，亦可归入上级类目；同一类目下形成的文件数量较多，可将二级类目扩展到三级类目、三级类目扩展到四级类目使用。

6.3.3.3 使用分类表时，对调整变化的内容可在企业科技档案分类方案中说明。

6.3.4 档号构成

6.3.4.1 档号宜由目录号、分类号和案卷流水号构成，代号之间用"-"连接，档号编写要符合如下规则：

a）第 6 大类"电力生产"目录号宜用年度标识，跨年度完成的文件宜为工作完成年度，技术改造项目文件宜为竣工年度，见图 4。

b）第 7 大类"科学技术研究"目录号宜用年度标识，年度为科研项目结题年度或科技成果获奖年度，见图 5。

2023 - 6×× - ×××

案卷号（001～999 标识）

分类号

目录号

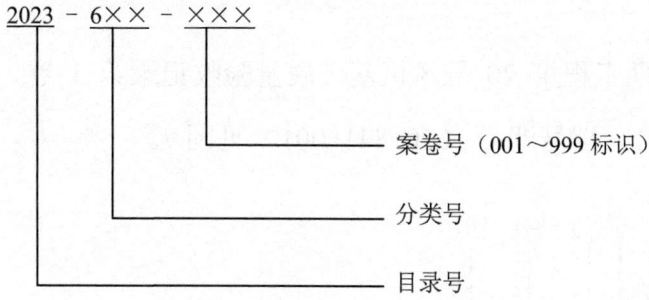

图 4　第 6 大类档号标识

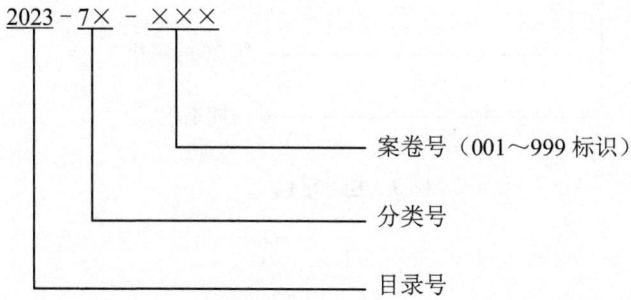

2023 - 7× - ×××

案卷号（001～999 标识）

分类号

目录号

图 5　第 7 大类档号标识

c）第 8 大类"建设项目"和第 9 大类"设备仪器"档案目录号应由工期号和风机机组号组成。第一位数代表"工期"，后三位数代表风机运行机组号，见图 6。公用部分机组号用"000"标识，第 8 大类和第 9 大类公用部分文件的目录号可采用工期公用部分机组号，即一期公用部分文件目录号可用"1000"标识，二期公用部分文件目录号可用"2000"标识。

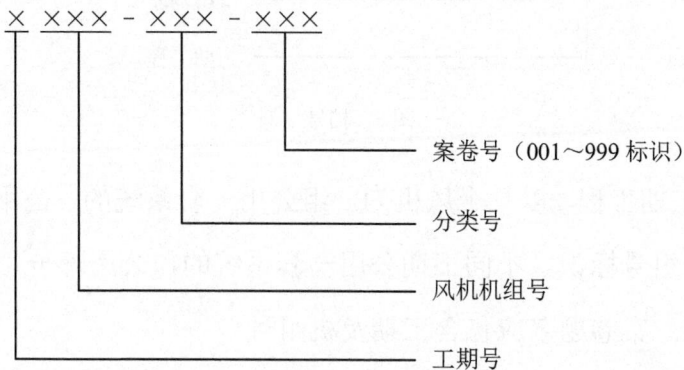

× ××× - ××× - ×××

案卷号（001～999 标识）

分类号

风机机组号

工期号

图 6　第 8 大类、第 9 大类档号标识

示例 1：

某风电项目一期工程第 20 号风机基础质量验收记录第 1 卷，目录号即为 1020，分类号为 841，档号即为 1020-841-001，见图 7。

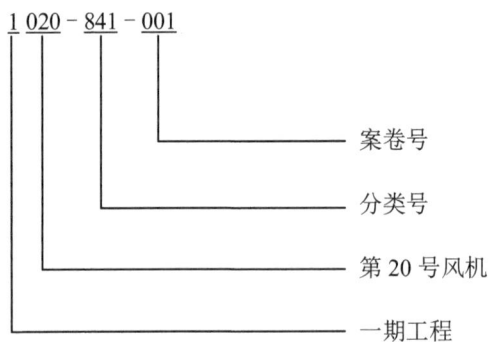

图 7　档号示例

示例 2：

某风电项目二期工程风机基础工程开工准备文件第二卷，档号应为 2000-840-002，见图 8。

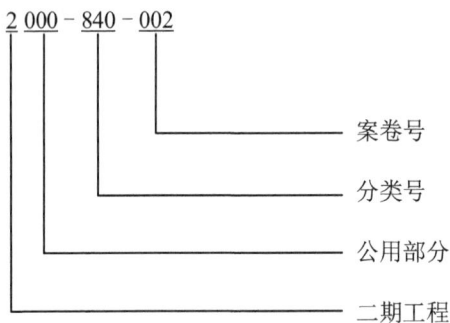

图 8　档号示例

d）同一工期工程，以几个风机为一组公用一套系统的，公用系统文件宜采用首台风机机组号标识。不同工期公用一套系统的，公用部分工期号宜采用前一工期号标识。案卷题名应包含工期及机组号。

6.3.4.2　企业保存多个全宗或多个工程建设项目档案时，档号可加入全宗号或项目代号，即档号由"全宗号或项目代号-目录号-分类号-案卷号"构成，全宗号由上级单位统一规定，项目代号可由项目单位综合项目名称、项目所在区域等设定。

6.4 组卷

6.4.1 基本要求

6.4.1.1 组卷应遵循文件形成规律，保持卷内文件有机联系和案卷的成套、系统，便于保管和利用。

6.4.1.2 案卷文件内容应相对独立完整，根据文件数量，组成一卷或多卷。

6.4.1.3 科技文件应避免重复归档，共用文件可编制索引表或在备考表中说明。

6.4.1.4 独立成册（套）的科技文件，组卷时应保持原貌，不宜拆散重新组卷。

6.4.2 组卷方法

6.4.2.1 电力生产类文件组卷应符合下列要求：

a）生产运行文件应按系统、文件形成规律、结合文件形成的时间组卷；巡检文件应按系统、问题、时间组卷。

b）生产技术管理文件应按问题结合文件形成时间组卷。

c）技术改造项目文件应按项目建设阶段、文件来源、问题组卷。

6.4.2.2 科学研究类文件组卷应符合下列要求：

a）本企业立项的科研项目文件应按课题结合研究阶段组卷。

b）合作研发的科研项目文件，以企业为主的应按课题汇总全套文件分阶段组卷；作为合作方参加的应以任务合同或分工协议条款，根据实际情况组卷。

c）科技创新文件应按科技成果类别组卷。

d）电力建设"新技术、新工艺、新流程、新装备、新材料"应用等文件应按"五新"内容组卷。

6.4.2.3　建设项目类文件组卷应符合下列要求：

a）项目前期、项目管理、生产准备、竣工验收等项目文件，应按问题、文件的重要程度组卷。

b）工程招投标文件应按标段组卷，集中招标过程文件不可拆分部分可按招标批次组成综合卷。

c）监理文件应按问题、文种、时间等组卷。

d）施工文件应按单位工程或分部工程组卷，原材料质量证明文件应按材料种类组卷。

e）调试文件应按系统、问题组卷。

f）初步设计、施工图、竣工图应按专业、卷册顺序号组卷。

6.4.2.4　设备仪器类文件应按专业、系统、台件组卷。对于多台同一厂家、同样规格型号设备的说明书、图纸可按单台设备归档，每台设备出厂合格证、试验报告等质量证明文件应按设备台件组卷。

6.5　案卷及卷内文件排列

6.5.1　案卷应按分类表类目设置顺序依次排列；同类问题文件组成多卷的应按案卷号从小到大顺序排列。卷内文件应按文件形成规律，结合问题、时间或重要程度排列。

6.5.2　电力生产案卷应按照问题、时间排列，卷内文件排列应符合下列要求：

6.5.2.1　生产运行记录、观测与监测文件应按照时间顺序排列。

6.5.2.2　生产检修维护记录应按照系统、设备、问题结合时间顺序排列。

6.5.2.3　生产技术管理文件应按照问题结合时间顺序排列。

6.5.2.4　技术改造文件案卷及卷内文件见6.5.4排列。

6.5.3　科学技术研究类档案应按照科研课题内容结合时间排列，卷内文件应按课题研究阶段、时间顺序排列。

6.5.4　建设项目类案卷及卷内文件按照建设阶段、问题、时间及重要程度进行排列。

6.5.4.1　管理文件案卷应按照问题、时间或重要程度排列，卷内文件排列应符合下列要求：

a）项目核准、可行性研究、评价等文件应按照批复在前、请示在后，审批或评审文件在前、报审文件在后，正文在前、附件在后，文字在前、图纸在后顺序排列。

b）征（租）地文件应按征（租）地区域的批复文件、请示、征（租）地合同、协议、补偿协议等顺序排列。

c）招投标文件应按招标公告、招标文件、投标文件、开标记录、评标记录、中标文件顺序排列。

d）合同文件应按合同会签单、合同文本、合同附件、协议、补充协议顺序排列，单一来源询价文件宜排在其合同之后。

e）质量监督文件应按监检计划排列，每个阶段的监检文件应按同意转序通知书质量监督意见书、整改闭环文件、质量监督检查过程文件、申请监检文件顺序排列。

6.5.4.2　设计图（册）类文件案卷应按专业、卷册号顺序排列，卷内文件应按设计单位编制的图纸目录顺序排列。

6.5.4.3　设计更改文件案卷应按文件来源、专业排列，卷内文件排列应符合下列要求：

a）设计单位形成的设计更改文件，应按设计更改执行情况登记表、设计变更单、设计变更执行反馈单顺序排列。

b）施工单位形成的涉及设计变更的工程联系单，应按工程联系单更改执行情况登记表、工程联系单、工程变更执行反馈单顺序排列。

6.5.4.4　施工类案卷应按单位工程管理体系文件、施工管理文件、施工质量验收记录及相关检测、试验报告等顺序排列，卷内文件排列应符合下列要求：

a）管理体系文件宜按企业资质、项目部成立及印章启用文件、项目部负责人任命文件、参建单位法人对项目部负责人授权书、项目部负责人对工程质量终身承诺书、项目部组织机构成员名单及资质文件、管理制度等顺序排列。

b）施工管理文件宜按开工报审文件、开工准备文件顺序排列；安全技术交底文件应排在对应施工方案后面。

c）质量验收记录应按单位工程质量检验项目范围划分表顺序排列；施工记录、隐蔽工程验收记录、试验报告等排在对应的检验批质量验收记录后面。

d）原材料质量证明文件，应按每批次材料到场报验单、出厂质量证明文件、试验委托单、复试报告顺序排列。

e）钢筋跟踪台账在前，钢筋质量证明文件在后；预拌混凝土跟踪台账在前，预拌混凝土出厂质量证明文件在后。

6.5.4.5　监理类案卷应按照管理体系文件、施工准备文件、施工过程管理文件、评价总结文件等顺序排列，卷内文件排列应符合下列要求：

a）监理人员动态管理台账在前，监理人员资质文件在后，监理人员资质文件排列顺序应与台账记录的人员顺序一致。

b）监理见证取样台账在前，见证记录在后，见证记录排列顺序应与台账记录顺序一致。

c）监理工程师通知单应按系统、专业结合时间顺序排列，且监理工程师通知单在前，闭环文件在后。

d）监理旁站记录应按系统、专业、时间顺序排列，监理月报、监理会议纪要应按时间顺序排列。

6.5.4.6　调试类案卷应按专业系统管理体系文件、管理文件、调试记录、调试质量验收文件、调试总结报告顺序排列，卷内文件应按系统、设备结合文件形成时间顺序排列。

6.5.5　设备仪器类文件案卷应按系统、部位排列；卷内文件每台设备应按开箱验收记录、设备装箱单、质量证明文件、说明书、图纸顺序排列，进口设备文件应按译文在前、原文在后顺序排列。

6.6 案卷编目

6.6.1 卷内文件页号编写

6.6.1.1 卷内文件应以有效内容页面编写页号，文件正面页号编写在右下角，文件背面页号编写在左下角。

6.6.1.2 按"卷"装订的案卷，卷内文件页号应从"1"开始连续编写；按"件"装订的案卷，卷内每件文件页号从"1"开始编写，件与件之间页号不应连续编写，已有页号的文件可不再重新编写页号。

6.6.1.3 案卷封面、卷内目录、卷内备考表不编写页号。

6.6.2 卷内文件件号编写

6.6.2.1 卷内文件应按 GB/T 11822—2008 规定编写件号，加盖并填写档号章，见图9，档号为案卷档号，序号为卷内文件排列顺序号。

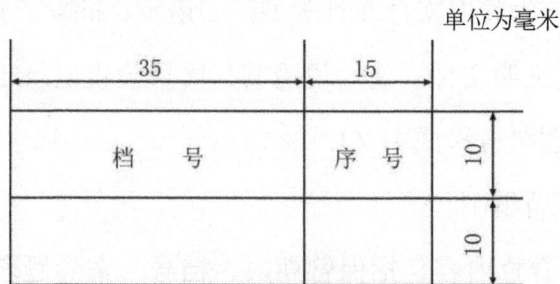

单位为毫米

档　　号	序　　号	

图9　档号章

6.6.2.2 按"件"装订的案卷，应在每件文件首页右上方空白位置加盖档号章。

6.6.2.3 施工图、竣工图等图样类文件，应在标题栏附近空白处加盖档号章。

6.6.2.4 按"卷"装订的案卷，封面、卷内目录与文件装订成册后，不加盖档号章。

6.6.3 案卷封面编制

6.6.3.1 案卷封面可采取内封面或外封面两种形式，由建设单位或接收单位规定。案卷封面式样见附录 C。

6.6.3.2 案卷封面包括档号、案卷题名、立卷单位、起止日期、保管期限、密级、正（副）本信息，编制应符合以下规定：

a）档号，应按 6.3.4 的规定填写。

b）案卷题名，应简明、准确揭示卷内文件内容，字数不宜超过 50 个字，并应符合下列要求：

1）案卷题名宜包括：企业名称或建设项目名称、主要文件内容和文种类型等三部分内容。

2）企业名称或建设项目名称可用全称也可用规范化简称，项目名称发生变化时，应由上级主管单位出具项目名称变更文件。

3）主要文件内容应根据卷内文件拟写，如管理文件主要事项名称、设备文件主要设备名称、施工文件单位工程或分部工程名称等。

4）文种类型应为卷内文件文种类型，如请示、批复、施工图、竣工图、试验报告、出厂质量证明文件、使用说明书、质量验收记录等。

5）外文案卷题名应译成中文。

6.6.4 案卷脊背编制

6.6.4.1 案卷脊背内容包括保管期限、档号、案卷题名、正（副）本，案卷脊背印制在卷盒侧面，脊背式样见附录 C，填写应符合如下要求：

——保管期限，应填写案卷划定的保管期限，不体现"保管期限"字样。

——档号，应填写案卷档号，档号中的"目录号""分类号""案卷号"竖排。

——案卷题名，应与案卷封面题名一致，题名竖排，首列空两个字符。

——正（副）本，应与案卷封面一致。

6.6.4.2 案卷脊背字迹应清晰不褪色，案卷题名应打印完整。

6.6.5 卷内目录编制

6.6.5.1 卷内目录应排列在卷内文件首页之前，式样见附录 C。

6.6.5.2 卷内目录应按照卷内文件排列顺序，逐份登记文件基本内容，填写应符合下列要求：

——序号，用阿拉伯数字表示，应依次标注卷内文件排列顺序。

——文件编号，应填写文件原有编号，如文号、合同号、图号等。

——责任者，应填写文件形成者或第一责任者；合同文件宜填写主要责任者或合同双方。

——文件题名，应填写文件题名全称；无题名或题名不能准确揭示文件内容的，立卷人应根据文件内容自拟题名；外文文件题名应译成中文。

——日期，应填写文件形成的日期，用 8 位阿拉伯数字表示。

——页数/页号，按件装订的，应按件填写每件文件的总页数；按卷装订的，应填写每份文件起始页号，最后一份文件填写起止页号。

——备注，根据需要，注释文件需说明的情况。

6.6.6 备考表编制

6.6.6.1 卷内备考表，应排列在卷内全部文件之后，式样见附录 C。

6.6.6.2 备考表编制应符合下列要求：

——说明，填写盒内案卷文件的总件数、总页数以及案卷文件需要说明的情况。

——立卷人及日期，负责整理项目文件的责任人签名和完成立卷的日期。

——检查人及日期，负责案卷质量的检查人签名和检查日期。

——互见号，应填写本卷不同载体档案的档号，并注明其载体类型。

6.6.7 案卷目录编制

6.6.7.1 案卷目录应包含序号、档号、案卷题名、总页数等内容。案卷目录式样见附录 C 编制。

6.6.7.2 案卷目录编制应符合下列要求：

——序号，应填写案卷的流水顺序号。

——档号、案卷题名、保管期限，填写方法同 6.6.3.2。

——总页数，应填写案卷内全部文件的页数之和。

——备注，可根据管理需要填写案卷的密级、互见号或存放位置等信息。

6.7 装订

6.7.1 科技文件装订按照 DA/T 69 相关要求，根据文件厚薄，宜采用三孔一线或直角装订，并符合 GB/T 11822—2008 的规定，见图 10。

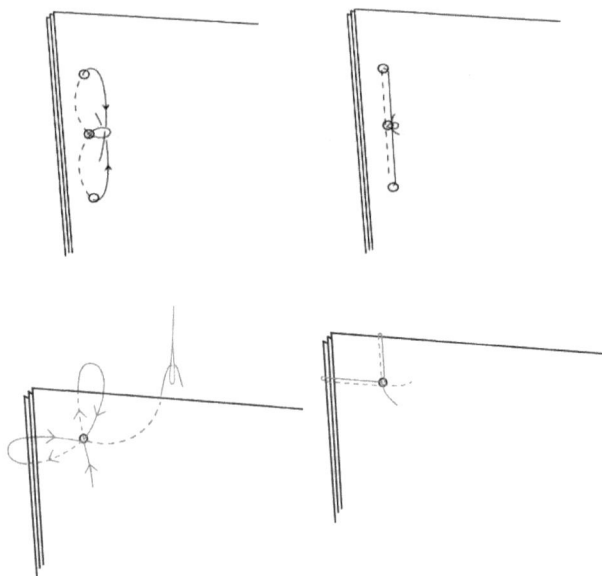

图 10 装订规范示例

6.7.2 装订可采用整卷装订，也可按件单份装订。按卷装订的，装订厚度不宜超过 3cm。文件装订应结实、整齐，装订材料应符合档案保护要求。

6.7.3 有破损的文件，应先修补后再装订；超大幅面文件，宜折叠成 A4 幅面；小于 A4 尺寸的文件，宜粘贴在 A4 纸上。图纸可不装订。

6.8 卷盒、表格规格及制成材料

6.8.1 卷盒外表面规格为 310mm×220mm，脊背厚度根据需要设定。

6.8.2 卷盒宜采用 220g/m² 以上的单层无酸牛皮纸板双裱压制，档案盒样式应符合 GB/T 11822—2008 的规定。

6.8.3 案卷目录、卷内目录、卷内备考表表格规格应为 297mm×210mm。

6.8.4 表格宜采用 70g/m² 以上白色书写纸制作。

7 照片档案的归档与整理

7.1 归档范围

7.1.1 生产活动中形成的重要事项照片，应包括下列内容：

7.1.1.1 年发电量达到或超过预期目标的监控画面照片。

7.1.1.2 设备更换、试验照片。

7.1.1.3 企业重大安全事故照片。

7.1.1.4 企业组织的重要生产会议、重要活动照片。

7.1.2 科研活动中获得的省部级及以上重要成果照片，应包括下列内容：

7.1.2.1 科研成果研究成员照片。

7.1.2.2 研究过程、获奖、应用推广照片。

7.1.3 建设项目在筹建、核准、施工、监理、调试、竣工等项目建设全过程管理中形成的具有保存价值的照片，应包括下列内容：

7.1.3.1 建设项目原始地形地貌、筹建、核准等重要事件及活动的照片。

7.1.3.2 项目隐蔽工程、关键节点、重要工序、施工质量、设备缺陷等照片。

7.1.3.3 工程安全、质量、进度等管理活动的照片。

7.1.3.4 设备调试、性能试验照片。

7.1.3.5 工程竣工、专项验收等重要活动照片。

7.1.4 其他有保存价值的照片。

7.1.5 照片归档范围详见附录 D。

7.2 归档时间

7.2.1 生产活动中形成的照片应在次年 3 月底前整理归档。

7.2.2 科研活动中形成的照片应在获奖后 3 个月内整理归档。

7.2.3 建设项目照片在项目竣工后 3 个月内与项目文件同步归档。

7.3 归档要求

7.3.1 归档照片应主题鲜明、影像清晰、画面完整、保持原貌、未加修饰裁剪，收集归档要求应符合 GB/T 11821、DA/T 50 的规定。

7.3.2 对反映同一内容的照片，应选择有代表性的输出纸质照片；对于具有特殊意义且具有永久保存价值的照片，宜翻拍成胶片，将胶片与照片一同归档。

7.3.3 数码照片应采用数字成像设备直接拍摄形成的原始图像文件，宜采用 JPEG 格式，其像素应符合归档照片质量要求，复制到光盘等符合档案保管要求的离线存储介质，宜与对应纸质照片一同归档。

7.4 整理

7.4.1 照片宜按张整理。

7.4.2 照片分类宜与相应纸质档案分类一致，密级、保管期限等应符合 GB/T 11821 规定。

7.4.3 照片的编号应符合如下规则：

7.4.3.1 照片号是固定和反映每张照片的分类与排列顺序的一组字符代码，由目录号、档案门类代码·照片册号、分类号、照片顺序号等组成，结构宜为"目录号-档案门类代码·照片册号-分类号（可省略）-照片顺序号"，上下位代码之间用"-"连接，同一级代码之间用"·"隔开，并应符合下列要求：

——目录号，生产期归档照片目录号为照片形成年度，用 4 位阿拉伯数字标识，见图 11；建设项目工程归档照片目录号由工期和公用机组号组成，按照 6.3.4.1 规定编写，见图 12。

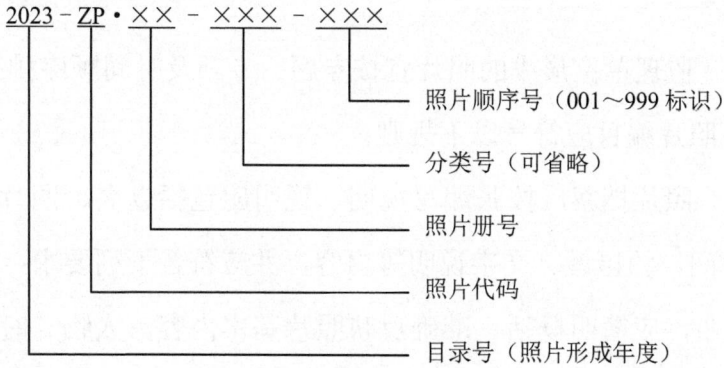

$$2023 - ZP \cdot \times\times - \times\times\times - \times\times\times$$

照片顺序号（001～999 标识）

分类号（可省略）

照片册号

照片代码

目录号（照片形成年度）

图 11　生产期归档照片号示例

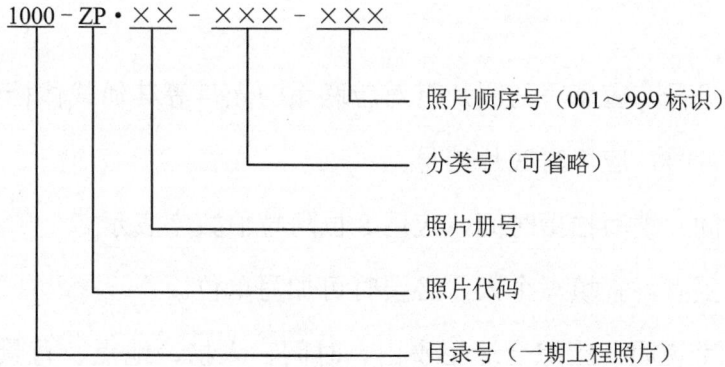

$$1000 - ZP \cdot \times\times - \times\times\times - \times\times\times$$

照片顺序号（001～999 标识）

分类号（可省略）

照片册号

照片代码

目录号（一期工程照片）

图 12　建设项目工程归档照片号示例

——档案门类代码，用照片拼音首字母"ZP"标识。

——照片册号：照片册的排列从"01"开始顺序编号。

——分类号，按照附录 A 分类表中的分类号，对于归档照片数量较少企业，可省略分类号。

——照片顺序号，用 3 位阿拉伯数字标识，册内照片号从"001"顺序编写。

7.4.3.2　企业保管多个全宗或多个项目照片档案的，档号可加全宗号或项目代码区分。

7.4.4　照片排列应符合以下规则：

7.4.4.1　企业或建设单位形成的照片宜按事由、专题及时间顺序排列。

7.4.4.2　施工单位形成的项目工程照片宜按单位工程、施工部位、施工顺序排列。

7.4.4.3　监理单位形成的照片宜按专题、专项及时间顺序排列。

7.4.5　照片编目应符号以下规则：

7.4.5.1　照片档案应按张编写说明，说明应包括题名、照片号、参见号、底片号、时间、拍摄者、文字说明等内容，并应符合下列要求：

——题名，应简明概括、准确反映照片基本内容，人物、时间、地点、事由等要素。

——照片号，应为反映每张照片分类和排列顺序的数字代码，按 7.4.3 的规定填写。

——参见号，应填写与照片有对应联系的光盘等其他载体档案的档号。

——底片号，应填写底片档号。

——时间，填写拍摄时间，应用 8 位阿拉伯数字表示。

——拍摄者，宜填写个人，必要时可加写单位。

——文字说明，应综合运用事由、时间、人物、地点、背景、拍摄者等要素，概括揭示照片反映的信息或仅对题名做出补充，其他需要说明的事项亦可在此表述。

7.4.5.2　横版照片说明宜填写在照片下方位置，竖版照片说明宜填写在照片侧面位置。

7.4.5.3　每张照片背面应使用黑色细软笔标识照片号。

7.4.5.4　每册照片档案应编制册内照片说明、册内照片目录和册内照片备考表，并应符合下列要求：

a）册内照片说明，应对本册照片形成单位、照片反映的内容等概括说明。册内照片说明放在照片册首页，式样见附录 C。

b）册内照片目录中，档号、题名、时间等内容按照 7.4.5.1 填写，放在册内照片说明的后面，式样见附录 C。

c）册内备考表应对册内照片总数、破损、移除等进行说明，式样见附录 C。

7.4.5.5　每册照片应粘贴册脊背，脊背内容宜包括保管期限、年度或项目代码、册号、册题名，式样见附录 C。

8　实物档案的归档与整理

8.1　归档范围

8.1.1　企业获得有价值的奖杯、奖状、奖牌、奖章、锦旗、证书、赠品等。

8.1.2　岩心、地质矿样、新工艺、新设备、新材料等样品或其他有保存价值的实物。

8.2　归档要求

8.2.1　归档实物应保持完整、清洁。

8.2.2　归档实物应在获得后一个月内移交归档。

8.2.3　移交单位、部门或个人在移交实物档案时应对实物主题、时间和相关信息编写说明，填写移交目录并签字，移交目录式样见附录 C。

8.3　整理

8.3.1　实物档案应按件整理。

8.3.2　以载体形式分类，按时间先后顺序排列。

8.3.3　档号宜由"年度-档案门类代码-件号"构成，"年度"即实物档案形成年度，以 4 位阿拉伯数字表示；档案门类代码以实物拼音字头"SW"表示，"件号"以"001"顺序流水，实物档案号示例见图 13。

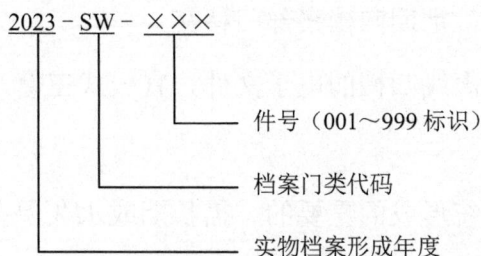

$$2023 - SW - \times\times\times$$

件号（001～999 标识）

档案门类代码

实物档案形成年度

图 13　实物档案号示例

8.3.4 编写实物档案目录，实物档案目录式样见附录 C，各项内容填写应完整。

9 电子文件归档与整理

9.1 归档范围

9.1.1 反映企业职能活动、具有查考和保存价值的各门类电子文件及其元数据应收集、归档。电子文件宜与其同一内容的纸质文件归档范围相同。

9.1.2 电子文件元数据归档范围应按 GB/T 18894 要求执行，应包括下列主要内容：

a）题名、文件编号、责任者、日期、机构或问题、保管期限、密级、格式信息、计算机文件名、计算机文件大小、文档创建程序等文件实体元数据。

b）记录有关电子文件拟制、办理活动的业务行为、行为时间和机构人员名称等元数据，应记录的拟制、办理活动包括：发文的起草、审核、签发、复核、登记、用印、核发等，收文的签收、登记、初审、承办、传阅、催办、答复等。

c）音像类电子文件应归档元数据，包括题名、摄影者、录音者、摄像者、人物、地点、业务活动描述、密级、计算机文件名等。

9.2 归档要求

9.2.1 风力发电企业电子文件形成或办理部门，应将电子文件按档案管理归档格式存储到符合保管要求的只读光盘、一次写光盘、硬磁盘等离线存储介质，完成物理归档，定期向档案部门移交。

9.2.2 在线或离线归档的电子文件，宜一式三套，一套封存、一套异地保管、一套提供利用。

9.2.3 业务系统形成的重要的、需长期或永久保存的电子文件，宜输出纸质文件，经业务部门签字、盖章，形成规范、有效的科技文件归档。

9.2.4 具备电子文件单套制归档管理条件的单位，可按照 DA/T 92 执行。

9.3 归档格式

9.3.1 电子文件应以通用格式形成、收集并归档，或在归档前转换为通用格式。

9.3.2 文本类电子文件一般以版式文件归档，版式文件格式应按照 DA/T 47 执行。

9.3.3 照片类电子文件以 JPEG、TIF 等格式归档；录音类电子文件以 WAV、MP3 等格式归档；录像类电子文件以 MPG、MP4、FLV、AVI 等格式归档，珍贵且需永久保存的可收集、归档一套 MXF 格式文件。

9.3.4 公务电子邮件以 EML 格式，网页、社交媒体类电子文件以 HTML 等格式归档。

9.3.5 计算机辅助设计等形成的电子文件，和以数据库文件形成的电子文件的归档格式，应按照 GB/T 18894 的要求执行。

9.3.6 应根据电子文件归档接口以及元数据形成情况，确定电子文件元数据归档格式，具体应按 GB/T 18894 的要求执行。

9.4 整理

9.4.1 电子文件应按 GB/T 18894 的规定整理，按纸质档案分类或电子文件类别代码集中组织存储载体。

9.4.2 电子文件及其存储载体宜与其同一内容纸质文件分类、编目方法相同，并加入载体种类编号。档案号可采用"年度-载体种类代码·顺序号-电子文件顺序号"。载体种类以光盘为例，采用拼音字头"GP"表示，电子文件顺序号以"001～999"流水编号，电子文件存储载体档案号示例见图 14。

9.4.3 每件电子文件存储介质装具应贴标签，标签上应注明档号。

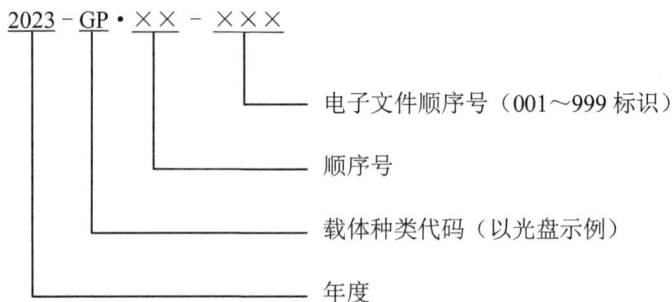

图 14　电子文件存储载体档案号示例

10　档案移交

10.1　移交要求

10.1.1　在生产、科研、基建、设备仪器档案移交归档时应编制归档说明，对归档内容和整理基本情况作简要说明。

10.1.2　非纸质载体文件归档时，应编制文字说明与载体一起移交，并在备考表上填写互见号。

10.2　移交审核签证

10.2.1　企业各部门在科技文件归档前，移交部门负责人和办理人员应对归档文件进行审核，审核合格后编制科技文件交接登记表，向档案部门移交。档案部门审核合格后，交接双方签署科技文件交接登记表，表式见附录C，一式两份，各留存一份归档。

10.2.2　项目档案移交前，建设单位和参建单位应按下列要求履行审核签证责任：

a）建设单位和各参建单位工程专业技术人员对移交归档文件的完整性、准确性、有效性和规范性进行审查，档案部门负责对归档文件的完整性和整理的规范性、系统性进行审查。

b）各方审查完成后，移交单位编制并填写风电项目档案交接签证表和案卷移交目录，表式见附录 C，审核人员在交接签证表上签署审查意见，办理交接手续。风电项目档案交接签证表一式三份，各留存一份归档。

10.2.3　电子文件移交前，移交单位应编制电子文件移交、接收检验登记表（见附录 C），接收单位对归档载体及其技术环境和电子文件的真实性、可靠性、完整性、可用性进行检验，检验合格后签署审查意见，办理交接手续。电子文件移交、接收检验登记表一式两份，各留存一份归档。

附　录　A
（规范性）
风力发电企业科技档案分类

风力发电企业科技档案分类如下。

6　电力生产

60　综合

600　综合

601　技术标准

602　系统布置

603　生产准备

609　其他

61　生产运行检修

610　综合

611　运行记录

612　观测与监测

613　检修维护

614　生产物资

619　其他

62　生产技术管理

620　综合

621　运行指标

622　可靠性管理

623　技术监督

629　其他

63 招投标及合同

630 综合

631 招投标

632 合同

639 其他

64 技术改造项目

640 综合

641 施工文件

642 监理文件

643 调试及试验文件

644 竣工验收文件

645 竣工图

646 设备文件

649 其他

7 科学研究

70 综合

71 科技创新

79 其他

8 建设项目

80 综合

81 项目前期

810 综合

811 项目立项核准

812 项目可行性研究

813 专项评价

814 建设用地（用海）

815 招投标

816 合同

817 开工准备

819 其他

82 项目设计

820 综合

821 基础设计

822 初步设计

823 施工图设计

824 专项设计

825 设计服务

826 设计总结

829 其他

83 项目管理

830 综合

831 安全管理

832 质量管理

833 进度管理

834 投资管理

835 质量监督

836 物资管理

839 其他

84 项目施工

840 综合

841 风力发电机组工程

842 中控楼和升压站建筑工程

843 升压站电气设备安装工程

844 场内集电线路工程

845 送出工程

846 交通工程

847 专项工程

848 配套工程

849 其他

85 调整试验与试运行

850 综合

851 风电场区设备调试

852 升压站电气设备调试

853 启动试运行

854 性能试验

859 其他

86 监理

860 综合

861 施工监理

862 设计监理

863 设备监造

864 专项监理

869 其他

87 竣工验收

870 综合

871 工程验收

872 专项验收

873 竣工决算与审计

874 达标与创优

875 工程后评估

879 其他

88 竣工图

880 综合

881 风力发电机组工程

882 中控楼及升压站建筑工程

883 升压站电气设备安装工程

884 场内集电线路工程

885 送出工程

886 交通工程

887 专项工程

888 配套工程

889 其他

9 设备仪器

90 综合

91 风力发电机组

910 综合

911 塔筒

912 叶轮和机舱

913 箱式变压器

914 监控系统

919 其他

92 升压站设备

920 综合

921 一次设备

922 二次设备

923 通信及远动设备

924 直流系统及继电保护

929 其他

93 线路设备

930 综合

931 集电线路

932 送出线路

939 其他

94 生产辅助系统设备

940 综合

941 给排水设备

942 采暖通风设备

943 消防安防设备

944 特种设备

945 海工设备

946 试验用仪器仪表及专用工具

949 其他

95 配套工程设备

950 综合

951 供热站设备

952 储能设备

959 其他

附　录　B
（规范性）
风力发电企业科技文件归档范围及保管期限划分

风力发电企业科技文件归档范围及保管期限见表 B.1。

表 B.1　风力发电企业科技文件归档范围及保管期限划分

分类号	类目名	归档范围		保管期限	文件来源	归档单位	备注
		文件类别	主要归档文件				
6	电力生产		包括但不限于以下文件				
60	综合						
600	综合		（1）电力业务许可证	永久	国家电力监管委员会	建设单位	
			（2）并网调度协议、购售电合同，交易运营系统使用协议	永久	电网公司、建设单位、调试单位	建设单位	
			（3）设备命名文件	永久	电网公司、建设单位、调试单位	建设单位	
			（4）继电保护定值通知单，继电保护整定计算书	永久	电网公司、建设单位	建设单位	
601	技术标准		运行、检修规程，安全规程，技术标准	30 年	生产运行单位	生产运行单位	
602	系统布置		（1）风机布置图	30 年	生产运行单位	生产运行单位	
			（2）运行机组编号、工程设计编号与机组出厂编号对照表	30 年	生产运行单位	生产运行单位	
			（3）系统图册	30 年	生产运行单位	生产运行单位	
603	生产准备		（1）生产机构成立文件	30 年	生产运行单位	生产运行单位	
			（2）生产准备大纲	30 年	生产运行单位	生产运行单位	
			（3）生产人员培训计划、培训记录、资质证书等	10 年	生产运行单位	生产运行单位	

分类号	类目名	归档范围		保管期限	文件来源	归档单位	备注
		文件类别	主要归档文件				
609	其他						
61	生产运行检修						
610	综合		（1）外委运行、检修单位企业资质，现场组织机构和人员资质，现场管理人员动态管理台账	30年	委托合同单位	生产部门	
			（2）风电基础维护大纲、基础维护作业指导书，维护船舶操作手册等	30年	检修运维单位	检修运维单位	
			（3）工作票、操作票等	10年	检修运维单位	检修运维单位	含生产考核期
611	运行记录		运行日志、交接班记录、发电记录、调度日志等	30年	检修运维单位	检修运维单位	含生产考核期
612	观测与监测	01 观测	建（构）筑物基础沉降观测记录及报告	30年	监测、检测及生产等相关单位	监测、检测及生产等相关单位	
		02 监测	（1）数据采集与监控系统监视记录	30年	运行单位	监测、检测及生产等相关单位	
			（2）风资源监测记录	30年	监测、检测及生产等相关单位	监测、检测及生产等相关单位	
			（3）水文、气象监测记录	30年	监测、检测及生产等相关单位	监测、检测及生产等相关单位	
			（4）环境保护监测记录	30年	监测、检测及生产等相关单位	监测、检测及生产等相关单位	
			（5）安全监测，包括网络安全监测、安稳控制监测记录等	30年	监测、检测及生产等相关单位	监测、检测及生产等相关单位	
			（6）海上风电风机基础、升压站基础监测记录及电缆监测记录，海底冲刷监测记录等	30年	监测、检测及生产等相关单位	监测、检测及生产等相关单位	

分类号	类目名	归档范围		保管期限	文件来源	归档单位	备注
		文件类别	主要归档文件				
613	检修维护		（1）设备定期巡视、检修记录，设备定期维护总结报告，大型部件检修总结报告，设备更换零部件方案和记录	30年	检修运维单位	检修运维单位	
			（2）风力发电机组基础检查记录	30年	检修运维单位	检修运维单位	
			（3）设备异常、故障统计表，设备缺陷及处理文件	30年	检修运维单位	检修运维单位	
			（4）备件及消耗品使用统计表	30年	检修运维单位	检修运维单位	
614	生产物资		（1）材料出厂质量证明文件	30年	材料厂家或供货商	生产部门	
			（2）物资进、出库清单，风场辅材、备品备件、专用工器具管理台账	30年	生产部门	生产部门	
619	其他						
62	生产技术管理						
620	综合						
621	运行指标		（1）月度运行技术经济指标统计与分析报告	30年	检修运维单位	检修运维单位	
			（2）季度运行技术经济指标统计与分析报告	30年	检修运维单位	检修运维单位	
			（3）年度运行指标统计与分析报告、专题总结	永久	检修运维单位	检修运维单位	
622	可靠性管理		机组并网运行安全性评价文件	永久	检修运维单位	检修运维单位	
623	技术监督		（1）设备定期试验记录、试验报告，包括安全保护装置检测试验、油品试验、加热装置检测、冷却装置检测、避雷系统检测、充电电池组充放电试验、机组接地电阻测试记录等	10年	检修运维单位	检修运维单位	
			（2）海上风力发电机组基础定期检测内容、周期表，海上风力发电机组基础检测报告	30年	检测单位检修运维单位	检修运维单位	
			（3）设备定期试验统计汇总表	30年	检修运维单位	检修运维单位	
			（4）金属监督、化学监督等其他技术监督文件	30年	检修运维单位	检修运维单位	

分类号	类目名	归档范围		保管期限	文件来源	归档单位	备注
		文件类别	主要归档文件				
629	其他						
63	招投标及合同						
630	综合		招投标、合同台账	30 年	招标部门	招标部门	
631	招投标		（1）设备备品备件及材料采购计划、招投标文件	30 年	招标部门	招标部门	
			（2）技术改造项目设计、施工、监理等招投标文件	30 年	招标部门	招标部门	
			（3）风场委托检修运行等招投标文件	30 年	招标部门	招标部门	
			（4）议标文件，询价文件	30 年	招标部门	招标部门	
632	合同		（1）设备备品备件及材料采购合同文件	30 年	合同部门	合同部门	
			（2）技术改造项目设计、施工、监理等合同，咨询合同	30 年	合同部门	合同部门	
			（3）委托检修运行合同	30 年	合同部门	合同部门	
639	其他						
64	技术改造项目						
640	综合		（1）技术改造项目申请、批复文件	永久	建设单位	建设单位	
			（2）技术改造项目可行性研究文件、评估文件	永久	建设单位	建设单位	
641	施工文件		同本表分类号 84 归档文件内容	30 年	施工单位	施工单位	如技术改造项目文件较少，可将642～646 文件集中归入本类目
642	监理文件		同本表分类号 86 归档文件内容	30 年	监理单位	监理单位	
643	调试及试验文件		同本表分类号 85 归档文件内容	30 年	调试单位	调试单位	
644	竣工验收文件		同本表分类号 87 归档文件内容	永久	建设单位	建设单位	
645	竣工图		同本表分类号 88 归档文件内容	永久	施工单位/设计单位	施工单位	

分类号	类目名	归档范围		保管期限	文件来源	归档单位	备注
		文件类别	主要归档文件				
646	设备文件		同本表分类号 9 归档文件内容	30 年	设备厂家	施工单位	
649	其他						
7	科学研究		包括但不限于以下文件				
70	综合						
71	科技创新	01 科技成果	（1）科技进步、技术发明、知识产权、质量管理小组活动、工法等创新项目立项论证、经费预算及批复、任务合同书（含预算书）及各类协议等	永久	成果申报及立项单位	成果申报单位	
			（2）科研项目的实施方案，阶段性执行进展情况报告、总结报告、研究成果文件等	永久	成果申报及立项单位、成果鉴定单位	成果申报单位	
			（3）成果申报、评审、获奖的相关文件材料及其推广应用等过程形成的文件材料	永久	成果申报及立项单位	成果申报单位	
		02 新技术应用	新材料、新设备、新技术等鉴定报告或允许使用证明文件	30 年	施工单位	施工单位	
79	其他		科研项目立项未结题或未获奖材料	30 年	立项单位	立项单位	
8	建设项目		包括但不限于以下文件				
80	综合						
81	项目前期						
810	综合						
811	项目立项核准	01 立项、核准	（1）项目立项请示、项目申请报告、核准批复文件、备案文件	永久	发展和改革委员会、地方政府、电网公司、银行等相关单位	建设单位	
			（2）项目融资、上网电价等文件	永久	发展和改革委员会、地方政府、电网公司、银行等相关单位	建设单位	

分类号	类目名	归档范围		保管期限	文件来源	归档单位	备注
		文件类别	主要归档文件				
811	项目立项核准	01 立项、核准	（3）接入系统方案、审批文件	永久	发展和改革委员会、地方政府、电网公司、银行等相关单位	建设单位	
		02 选址	（1）项目选址意见书及批复文件，选址意见书申请报告，选址论证报告	永久	地方政府、相关单位	建设单位	
			（2）军事设施单位的批复文件、压覆矿产资源报告及审查意见、文物勘察报告及审查意见、不涉及候鸟迁徙区域证明文件	永久	地方政府、相关单位	建设单位	
			（3）海洋水文地质勘察文件	永久	海事部门、相关单位	建设单位	仅适用于海上风电
			（4）项目勘测定界报告及图纸	永久	地方政府、相关单位	建设单位	
			（5）路由设计及审批文件	永久	地方政府、相关单位	建设单位	
		03 其他	开展项目前期工作的文件	永久	建设单位、地方政府、相关单位	建设单位	
812	项目可行性研究		（1）风电场预可行性研究、可行性研究报告及审查会会议纪要、审查意见	永久	设计、审查单位	建设单位	
			（2）接入系统可行性研究报告文件及审查会议纪要、审查意见	永久	电网公司	建设单位	
			（3）使用林地可行性研究报告、附图及审核同意书	永久	设计、审查单位	建设单位	
			（4）专题研究方案、研究报告	30 年	委托研究单位	建设单位	
813	专项评价		（1）环境影响报告书及审批文件	永久	环境保护部门	建设单位	
			（2）水土保持方案及审批文件	永久	水利部门	建设单位	
			（3）地震安全性评价、地质灾害评价及评审意见	永久	地质、地震及评估咨询单位	建设单位	
			（4）安全预评价及评审、备案文件	永久	安监部门、评估咨询单位	建设单位	

分类号	类目名	归档范围		保管期限	文件来源	归档单位	备注
		文件类别	主要归档文件				
813	专项评价		（5）职业病危害评价及评审文件	永久	卫生部门、评估咨询单位	建设单位	
			（6）社会稳定风险评估报告、社会稳定风险分析报告、审查意见、备案文件	永久	评估咨询单位、政府部门	建设单位	
			（7）风资源测评文件，海上风电寒潮、台风、海冰专题报告等	永久	勘察单位	建设单位	
			（8）项目节能评估报告及批复文件，节能声明表	永久	建设单位、政府主管部门	建设单位	
			（9）海上通航安全影响论证报告、通航安全评价报告、防洪评价报告	永久	建设单位、海事部门	建设单位	仅适用于海上风电
			（10）工程对海洋环境影响报告	永久	评估单位	建设单位	仅适用于海上风电
814	建设用地（用海）		（1）建设用地规划许可证、国有土地使用权证；林地砍伐许可证	永久	地方规划部门、国土资源管理部	建设单位	
			（2）海域使用权证、海区专用航标设置行政许可决定书、电缆穿越海堤行政许可决定	永久	海事部门	建设单位	仅适用于海上风电
			（3）建设用地及用海申请，各级政府土地主管部门、海事管理部门预审意见、审批文件	永久	地方及国土资源部	建设单位	
			（4）建设用地征地、拆迁、安置、补偿、赔偿合同及协议	永久	建设单位、地方政府	建设单位	
			（5）施工临时用地合同、协议及补偿、赔偿协议	10年	建设单位、地方政府	建设单位	
815	招投标		（1）招标计划、招标委托、招标文件、评标公告	永久	投标单位、建设单位	建设单位	
			（2）资格审查、开标记录、答疑澄清、评标报告（含评标人签字、打分表、技术和商务对比分析表等）、定标文件、会议纪要等评标过程文件	30年	投标单位、建设单位	建设单位	

分类号	类目名	归档范围		保管期限	文件来源	归档单位	备注
		文件类别	主要归档文件				
815	招投标		（3）中标单位投标文件（技术、商务）	永久	投标单位、建设单位	建设单位	
			（4）未中标投标文件	10年	投标单位、建设单位	建设单位	
			（5）议标文件、谈判文件	30年	投标单位、建设单位	建设单位	
816	合同		（1）设备购买合同（合同附件、补充协议、合同谈判纪要、备忘录及合同变更文件）	永久	建设单位、设备厂商	建设单位	
			（2）工程建设（设计、施工、监理、调试等单位）合同（合同附件、补充协议、合同谈判纪要、备忘录及合同变更文件）	永久	建设单位、参建单位	建设单位	
			（3）项目技术咨询、服务合同（合同附件、补充协议、合同谈判纪要、备忘录及合同变更文件）	永久	建设单位、相关单位	建设单位	
			（4）物资及其他与项目建设有关的合同（合同附件、补充协议、合同谈判纪要、备忘录及合同变更文件）	永久	建设单位、供应商	建设单位	
			（5）代采设备订货合同、技术协议、厂家资质文件	永久	代采单位、设备厂商	代采单位	
817	开工准备	01 "五通一平"	（1）通路、通航、通信、通水（取水许可证）、通电等配套审批文件	永久	建设单位、行政管理部门	建设单位	
			（2）场区平整文件	30年	施工单位	施工单位	
		02 开工审批	（1）建设工程规划许可证、建设施工许可证	永久	建设单位、行政管理部门	建设单位	
			（2）项目开工申请及审批文件	永久	建设单位、行政管理部门	建设单位	
			（3）海上航线和运输时段批复文件、水上水下作业许可证、海底电缆路由审批文件	永久	建设单位、海事部门	建设单位	仅适用于海上风电
819	其他						

分类号	类目名	归档范围		保管期限	文件来源	归档单位	备注
		文件类别	主要归档文件				
82	项目设计						
820	综合		（1）勘察设计单位资质文件、项目部成立及启用印章文件、组织机构成员名单及人员资质文件	30年	设计单位	建设单位	
			（2）公司法人代表对项目经理授权委托书、工程质量终身承诺书	30年	设计单位	建设单位	
			（3）管理制度、供图计划	30年	设计单位	建设单位	
821	基础设计		（1）建设用地勘察报告及图纸，岩土工程勘察报告	永久	勘察设计单位	建设单位	
			（2）水文地质勘测报告	永久	勘察设计单位	建设单位	
			（3）地形图、海图、项目用地测量报告及图纸	永久	勘察设计单位	建设单位	
			（4）水文、气象、地震文件材料	永久	勘察设计单位	建设单位	
			（5）海底勘测文件、风机对航空航线影响勘测文件	永久	勘察设计单位	建设单位	仅适用于海上风电
822	初步设计		（1）初步设计方案及审查文件	永久	设计单位	建设单位	
			（2）初步设计说明书、清册、概算书、设计图纸	永久	设计单位	建设单位	
823	施工图设计		（1）施工图审定文件，设计优化方案及审批文件	永久	设计单位	建设单位	
			（2）施工图卷册目录及说明、设备材料清册	永久	设计单位	建设单位	
			（3）微观选址报告	永久	设计单位	建设单位	
			（4）预算书	永久	设计单位	建设单位	
			（5）各专业施工图	永久	设计单位	建设单位	
824	专项设计		（1）水土保持、环境保护、节能、消防设计专题报告、图册及审查意见	永久	设计单位	建设单位	
			（2）职业病防护设施设计、工程安全设施设计	永久	设计单位	建设单位	
			（3）接入系统设计方案及评审意见、图册	永久	设计单位	建设单位	
			（4）海上风电防台、防雷、防腐专项设计	永久	设计单位	建设单位	仅适用于海上风电

分类号	类目名	归档范围		保管期限	文件来源	归档单位	备注
		文件类别	主要归档文件				
825	设计服务		（1）强制性标准执行计划、强制性标准执行记录	永久	建设、设计单位	建设单位	
			（2）设计交底纪要、施工图会审及纪要	永久	建设、设计单位	建设单位	
			（3）设计更改通知单、变更设计洽商单、材料代用通知单、涉及变更的工程联系单及相应设计变更执行反馈单、设计更改汇总表等	永久	设计、施工、建设单位	施工单位	
			（4）设计工代委托函、设计工代日记、设计工代服务报告等	永久	设计、施工、建设单位	施工单位	
826	设计总结		设计总结、工程质量检查报告	永久	设计、施工、建设单位	施工单位	
829	其他						
83	项目管理						
830	综合		（1）建设单位委托管理单位的资质文件，质量管理体系、职业健康安全管理体系、环境管理体系认证证书	永久	建设单位、委托管理单位	建设单位	
			（2）项目部成立及项目部印章启用文件、项目经理任命文件、项目部组织机构、项目部人员资质文件	永久	建设单位、委托管理单位	建设单位	
			（3）公司法人代表对项目经理授权委托书、项目经理对工程质量终身承诺书	永久	建设单位、委托管理单位	建设单位	
			（4）工程协调会议纪要、项目管理及专业会议纪要	30年	建设单位、委托管理单位	建设单位、委托管理单位	
			（5）工程联系单	30年	建设单位、委托管理单位	建设单位、委托管理单位	
			（6）工程简报、工程统计报表等	30年	建设单位、委托管理单位	建设单位、委托管理单位	
			（7）建设工程总结	30年	建设单位、委托管理单位	建设单位、委托管理单位	

续表

分类号	类目名	归档范围		保管期限	文件来源	归档单位	备注
		文件类别	主要归档文件				
831	安全管理		（1）成立安全生产委员会文件、安全文明生产协议书、安全生产目标责任书	永久	建设单位、委托管理单位	建设单位、委托管理单位	
			（2）安全（职业健康）预案、管理制度、措施、方案、安全生产事故应急预案，安全生产投入保障实施细则、投入记录	30年	建设单位、委托管理单位	建设单位、委托管理单位	
			（3）安全培训活动记录，消防应急救援演练方案、记录，健康、安全、环境检查记录及整改记录，安全事故处理记录	30年	建设单位、委托管理单位	建设单位、委托管理单位	
832	质量管理		（1）质量管理制度、项目档案管理规定及实施细则	30年	建设单位、委托管理单位	建设单位、委托管理单位	
			（2）技术标准规范清单、工程建设标准强制性标准实施计划及实施措施、实施情况检查记录	30年	建设单位、委托管理单位	建设单位、委托管理单位	
			（3）质量检查记录及整改文件	30年	建设单位、委托管理单位	建设单位、委托管理单位	
			（4）工程强制性标准执行情况汇总表	30年	建设单位、委托管理单位	建设单位、委托管理单位	
833	进度管理		（1）施工进度计划、施工进度调整文件	30年	建设单位、委托管理单位	建设单位、委托管理单位	
			（2）工程停工、延期相关文件	永久	建设单位、委托管理单位	建设单位、委托管理单位	
834	投资管理		（1）银行贷款合同、协议	永久	各大银行	建设单位	
			（2）基建资金（投资）计划、资金调拨计划文件	永久	上级主管单位	建设单位	
			（3）执行概算及审批文件	永久	上级主管单位	建设单位	
			（4）工程量结算单及支付报审文件	30年	建设、施工、监理单位	建设、施工、监理单位	

分类号	类目名	归档范围		保管期限	文件来源	归档单位	备注
		文件类别	主要归档文件				
835	质量监督		（1）电力工程质量监督注册证书、质量监督大纲及审批文件、监检计划	永久	建设单位、质量监督中心	建设单位	
			（2）各阶段质量监督检查申请书、质量监督检查专家意见书、质量监督检查整改通知书、质量监督检查整改回复单、质量监督检查转序通知书	永久	建设单位、质量监督中心	建设单位	
			（3）电力工程质量监督检查并网通知书	永久	质量监督中心站	建设单位	
			（4）工程质量监督检查报告、投运备案证明书	永久	质量监督中心站	建设单位	
836	物资管理		（1）物资出入库管理台账、专用工器具交接单、开箱验收单	30年	建设、物资代办单位	建设单位	
			（2）设备催交及与厂家往来文件	30年	建设单位、厂商	建设单位及厂商	
			（3）设备缺陷等质量问题索赔及谈判文件	永久	建设单位、厂商	建设单位	
			（4）进口设备免税申请及海关批复、报关及商检验收文件	永久	海关	建设单位及厂商	
839	其他						
84	项目施工						
840	综合	01管理体系	（1）总承包单位资质文件，质量管理体系、职业健康安全管理体系、环境管理体系认证证书	永久	总承包单位	总承包单位	
			（2）项目部成立及项目部印章启用文件、项目经理任命文件、项目部组织机构、项目部管理人员动态管理台账及人员资质文件	永久	总承包单位	总承包单位	
			（3）公司法人代表对项目经理授权委托书、项目经理对工程质量终身承诺书	永久	总承包单位	总承包单位	
			（4）工程质量、安全、进度等管理制度与措施，绿色施工、水土保持、节能实施策划与措施等	永久	总承包单位	总承包单位	

分类号	类目名	归档范围		保管期限	文件来源	归档单位	备注
		文件类别	主要归档文件				
840	综合	02 施工管理	（1）施工组织总设计	永久	委托管理单位、总承包单位	委托管理单位、总承包单位	
			（2）单位工程开工报审	永久	总承包单位	总承包单位	
			（3）计量器具、检测仪器设备检定证书	永久	总承包单位	总承包单位	
			（4）单位工程质量验收划分表及审查记录	永久	总承包单位	总承包单位	
			（5）工程标准规范清单、强制性标准执行计划及执行检查记录	永久	总承包单位	总承包单位	
			（6）工程材料、构件、结构实体检测计划	永久	总承包单位	总承包单位	
			（7）设计变更汇总表、代用材料汇总表	永久	总承包单位、施工单位	总承包单位、施工单位	
		03 质量检查、验收	（1）施工方格网测量、厂区平面控制网、高程控制网等施工控制测量成果文件	永久	总承包单位、施工单位	总承包单位、施工单位	
			（2）风机、升压站沉降观测记录与报告	永久	观测单位	总承包单位、施工单位	
			（3）安全质量检查记录、工程联系单	永久	总承包单位、施工单位	总承包单位、施工单位	
			（4）未使用国家技术公告禁止和限制使用的技术（材料、产品）检查报告	永久	总承包单位、施工单位	总承包单位、施工单位	
			（5）新材料、新技术鉴定报告或允许使用证明材料	永久	总承包单位、施工单位	总承包单位、施工单位	
			（6）施工日志、月报、年报，大事记	永久	总承包单位	总承包单位	
		04 工程总结	工程总结	永久	总承包单位	总承包单位	

分类号	类目名	归档范围		保管期限	文件来源	归档单位	备注
		文件类别	主要归档文件				
841	风力发电机组工程	01 管理体系	（1）施工单位资质文件，质量管理体系、职业健康安全管理体系、环境管理体系认证证书	永久	施工单位	施工单位	
			（2）项目部成立及项目部印章启用文件、项目经理任命文件、项目部组织机构、项目部人员资质文件	永久	施工单位	施工单位	
			（3）公司法人代表对项目经理授权委托书、项目经理对工程质量终身承诺书	永久	施工单位	施工单位	
		02 施工管理	（1）工程开工、复工报审表，施工组织设计、施工方案、专项施工方案及评审意见、安全技术交底记录，单位工程质量检验项目划分表，工程应执行的法规、标准清单及动态管理记录、强制性标准实施计划，工程材料、构件、结构实体检测计划	永久	施工单位	施工单位	
			（2）供货商、试验单位、混凝土搅拌站资质文件，特殊工种人员资质报审文件、特种设备报审文件、计量器具报审文件	永久	施工单位	施工单位	
			（3）施工现场质量管理检查记录	永久	施工单位	施工单位	
		03 材料、构件	（1）桩基工程（包括风机、箱式变压器、测风塔等桩基工程）				
			1）混凝土原材料水泥、砂石、外加剂出厂质量证明文件及试验报告，搅拌用水检测报告，配合比试验报告、开盘鉴定、混凝土强度试验报告	永久	供货单位、检测单位	施工单位	
			2）钢材出厂质量证明文件、试验委托单、复试报告，钢筋接头型式试验报告	永久	供货单位、检测单位	施工单位	
			3）焊条、焊丝出厂质量证明文件	永久	供货单位、检测单位	施工单位	
			4）桩基出厂质量证明文件，地基承载力检测报告、桩身完整性检测报告、桩承载力检测报告	永久	供货单位、检测单位	施工单位	

分类号	类目名	归档范围		保管期限	文件来源	归档单位	备注
		文件类别	主要归档文件				
841	风力发电机组工程	03 材料、构件	5）钢管桩合格证、放行单、法兰来料检验卡、下料检验卡、材料追踪、焊缝追踪、钢管桩质量检验记录表、桩体法兰检测报告、桩体尺寸报告、无损检测报告、防腐检验报告	永久	供货单位、检测单位	施工单位	
			6）钢管桩附属构件合格证、放行单、下料检验卡、无损检测报告、防腐检验报告、材料追踪记录	永久	供货单位、检测单位	施工单位	
			7）钢管桩套笼焊缝追踪记录表、质量检验记录表、尺寸报告	永久	供货单位、检测单位	施工单位	
			（2）基础工程（包括风机、箱式变压器、测风塔基础等）				
			1）混凝土原材料水泥、砂石、外加剂出厂质量证明文件及试验报告，搅拌用水检测报告，配合比试验报告、开盘鉴定、混凝土强度试验报告	永久	供货单位、检测单位	施工单位	
			2）水泥水化热、安定性、氯离子含量检测报告，砂、石碱活性检验报告	永久	供货单位、检测单位	施工单位	
			3）钢结构、钢材出厂质量证明文件、复试报告，钢筋接头试验报告	永久	供货单位、检测单位	施工单位	
			4）混凝土预制件、灌浆原材料出厂质量证明文件	永久	供货单位、检测单位	施工单位	
			5）防腐材料出厂质量证明文件、复试报告	永久	供货单位、检测单位	施工单位	
			6）预埋件（管）出厂合格证、试验报告	永久	供货单位、检测单位	施工单位	
			7）风机基础锚栓、螺母、垫圈出厂质量证明文件及复试报告	永久	供货单位、检测单位	施工单位	
			（3）风力发电机组安装工程（包括风机、箱式变压器安装及防雷接地、电缆等工程）				
			1）高强螺栓、锚栓出厂合格证，高强螺栓、锚栓试验报告及复检报告，高强螺栓连接副扭矩复检报告	30 年	供货单位、检测单位	施工单位	
			2）钢构件及预制件等出厂合格证、试验报告、复检报告	30 年	供货单位、检测单位	施工单位	

分类号	类目名	归档范围		保管期限	文件来源	归档单位	备注
		文件类别	主要归档文件				
841	风力发电机组工程	03 材料、构件	3）接地、防腐、润滑油等材料出厂合格证、材料试验报告、材料复试报告	30 年	供货单位、检测单位	施工单位	
			4）电缆、海缆、光缆、光纤出厂合格证、材料试验报告、材料复试报告	30 年	供货单位、检测单位	施工单位	
		04 施工及验收	（1）桩基工程				
			1）桩位定位测量记录	永久	施工单位	施工单位	
			2）地基处理、验槽、钎探施工记录	永久	施工单位	施工单位	
			3）沉桩记录、成孔记录、桩施工记录	永久	施工单位	施工单位	
			4）混凝土搅拌记录、测温记录、养护记录、施工记录	永久	施工单位	施工单位	
			5）嵌岩桩孔底沉渣厚度及桩位偏差记录	永久	施工单位	施工单位	
			6）桩体防腐层施工及验收记录	永久	施工单位	施工单位	
			7）阴极保护装置试验报告	永久	施工单位	施工单位	仅适用海上风电
			8）强制性标准执行记录	永久	施工单位	施工单位	
			9）检验批、分项工程质量验收记录	永久	施工单位	施工单位	
			10）分部工程质量验收记录、控制资料核查记录、安全和主要功能抽查记录、观感记录	永久	施工单位	施工单位	
			11）施工日志	永久	施工单位	施工单位	
			（2）基础工程（包括风机及箱式变压器）				
			1）测量放线定位记录	永久	施工单位	施工单位	
			2）换填垫层地基施工记录	永久	施工单位	施工单位	
			3）回填土检测报告、回填土击实检测报告	永久	施工单位	施工单位	
			4）混凝土预制件加工记录	永久	施工单位	施工单位	
			5）混凝土施工记录、大体积混凝土温控记录	永久	施工单位	施工单位	
			6）基础接地装置接地引线搭接长度记录、焊接质量记录、防腐施工记录	永久	施工单位	施工单位	

分类号	类目名	归档范围		保管期限	文件来源	归档单位	备注
		文件类别	主要归档文件				
841	风力发电机组工程	04 施工及验收	7）地基验槽记录、钢筋隐蔽验收记录	永久	施工单位	施工单位	
			8）沉降、水平变形观测记录	永久	施工单位	施工单位	
			9）风机基础环水平度误差记录、预埋管位置偏差记录	永久	施工单位	施工单位	
			10）混凝土钢筋保护层检查记录	永久	施工单位	施工单位	
			11）海上混凝土基础、过渡段、导管架施工隐蔽验收记录	永久	施工单位	施工单位	仅适用海上风电
			12）设备基础预埋件隐蔽工程验收记录，混凝土结构、钢结构施工隐蔽验收记录	永久	施工单位	施工单位	
			13）预应力锚栓张拉紧固记录，下锚板螺栓螺母隐蔽验收记录、锚板水平度测量记录	永久	施工单位	施工单位	
			14）防腐层厚度检查记录	永久	施工单位	施工单位	
			15）强制性标准执行记录	永久	施工单位	施工单位	
			16）检验批、分项工程质量验收记录	永久	施工单位	施工单位	
			17）分部工程质量验收记录、控制资料核查记录、安全和主要功能抽查记录、观感记录	永久	施工单位	施工单位	
			18）施工日志	永久	施工单位	施工单位	
			（3）风力发电机组安装工程（包括风机、箱式变应器安装及防雷接地、电缆等）				
			1）高强螺栓力矩紧固记录、抽检记录	30 年	施工单位	施工单位	
			2）风机基础环、法兰平整度测量记录及复检记录	30 年	施工单位	施工单位	
			3）轴系同轴度现场复检记录、制动系统检查记录、冷却系统检查记录、变桨系统检查记录、偏航系统检查报告	30 年	施工单位	施工单位	
			4）塔筒内设备安装记录	30 年	施工单位	施工单位	
			5）暗配线、暗装接地装置隐蔽验收记录	30 年	施工单位	施工单位	
			6）风力发电机组监控系统安装记录	30 年	施工单位	施工单位	
			7）风机塔筒垂直度测试记录	30 年	施工单位	施工单位	

分类号	类目名	归档范围		保管期限	文件来源	归档单位	备注
		文件类别	主要归档文件				
841	风力发电机组工程	04 施工及验收	8）箱式变压器安装记录	30年	施工单位	施工单位	
			9）箱式变压器、负荷开关、熔断器、断路器、避雷器、绝缘油试验报告，气体继电器、绕组温度计检验报告	30年	施工单位	施工单位	
			10）防雷接地施工记录、接地电阻测试记录、防雷系统隐蔽验收记录	30年	施工单位	施工单位	
			11）电缆、海缆、光缆施工记录	30年	施工单位	施工单位	
			12）强制性标准执行检查记录	30年	施工单位	施工单位	
			13）检验批、分项、分部工程质量验收记录	30年	施工单位	施工单位	
			14）施工日志	30年	施工单位	施工单位	
		05 单位工程验收	（1）中间交接验收签证记录	30年	施工单位	施工单位	
			（2）风力发电机组单位工程质量验收记录、控制资料核查记录、安全和主要功能抽查记录、观感记录	30年	施工单位	施工单位	
		06 统计汇总	（1）施工及管理人员动态管理台账	30年	施工单位	施工单位	
			（2）计量器具汇总登记表	30年	施工单位	施工单位	
			（3）设计更改执行情况登记表	30年	施工单位	施工单位	
			（4）钢筋使用跟踪台账	30年	施工单位	施工单位	
			（5）预拌混凝土使用跟踪台账	30年	施工单位	施工单位	
			（6）工程设备、高强螺栓等材料统计汇总表	30年	施工单位	施工单位	
			（7）施工总结	30年	施工单位	施工单位	
842	中控楼和升压站建筑工程	01 管理体系	（1）施工单位资质文件，质量管理体系、职业健康安全管理体系、环境管理体系认证证书	永久	施工单位	施工单位	
			（2）项目部成立及项目部印章启用文件、项目经理任命文件、项目部组织机构、项目部人员资质文件	永久	施工单位	施工单位	
			（3）公司法人代表对项目经理授权委托书、项目经理对工程质量终身承诺书	永久	施工单位	施工单位	
		02 施工管理	（1）工程开工、复工报审表，施工组织设计、施工方案、专项施工方案及评审意见、安全技术交底记录	永久	施工单位	施工单位	

续表

分类号	类目名	归档范围		保管期限	文件来源	归档单位	备注
		文件类别	主要归档文件				
842	中控楼和升压站建筑工程	02 施工管理	（2）单位工程质量检验项目划分表、工程应执行的法规、标准清单及动态管理记录、强制性标准实施计划，工程材料、构件、结构实体检测计划	永久	施工单位	施工单位	
			（3）供货商、试验单位、混凝土搅拌站资质文件，特殊工种人员资质报审文件、特种设备报审文件、计量器具报审文件	永久	施工单位	施工单位	
			（4）施工现场质量管理检查记录	永久	施工单位	施工单位	
		03 材料、构件	（1）地基与基础工程				
			1）混凝土原材料水泥、砂石、外加剂出厂质量证明文件及试验报告，搅拌用水检测报告，配合比试验报告、开盘鉴定报告、混凝土强度试验报告	永久	供货单位、检测单位	施工单位	
			2）水泥水化热、安定性、氯离子含量检测报告	永久	供货单位、检测单位	施工单位	
			3）钢筋、钢板、钢管等钢材出厂质量证明文件、复试报告，钢筋接头试验报告	永久	供货单位、检测单位	施工单位	
			4）焊条、焊丝出厂质量证明文件	永久	供货单位、检测单位	施工单位	
			5）预埋件（管）出厂合格证、试验报告	永久	供货单位、检测单位	施工单位	
			6）预制桩、灌注桩等桩材料出厂质量证明文件，地基承载力检测报告、桩身完整性检测报告、桩承载力检测报告	永久	供货单位、检测单位	施工单位	
			7）桩基合格证、放行单、法兰来料检验卡、下料检验卡、材料追踪记录表、焊缝追踪记录表、钢管桩质量检验记录表、桩体法兰检测报告、桩体尺寸报告、无损检测报告、防腐检验报告	永久	供货单位、检测单位	施工单位	
			8）桩基附属构件合格证、放行单、下料检验卡、无损检测报告、防腐检验报告、材料追踪记录	永久	供货单位、检测单位	施工单位	
			9）桩基套笼焊缝追踪记录表、质量检验记录表、尺寸报告	永久	供货单位、检测单位	施工单位	

分类号	类目名	归档范围		保管期限	文件来源	归档单位	备注
		文件类别	主要归档文件				
842	中控楼和升压站建筑工程	03 材料、构件	（2）结构工程（混凝土结构、钢结构、砌体结构）				
			1）混凝土原材料水泥、砂石、外加剂出厂质量证明文件及试验报告，搅拌用水检测报告，配合比试验报告、开盘鉴定、混凝土强度试验报告	永久	供货单位、检测单位	施工单位	
			2）砌筑砂浆配合比报告、砂浆试件强度试验报告	永久	供货单位、检测单位	施工单位	
			3）钢材、钢筋、预应力筋、焊材、坚固连接件等出厂合格证、复试报告，钢筋接头试验报告	永久	供货单位、检测单位	施工单位	
			4）预应力筋用锚夹具、连接器出厂质量证明文件及复试报告，冷拉及张拉检测报告	永久	供货单位、检测单位	施工单位	
			5）预制构件出厂合格证、试验报告	永久	供货单位、检测单位	施工单位	
			6）防腐、防水、防火涂装材料出厂质量证明文件	永久	供货单位、检测单位	施工单位	
			7）高强螺栓出厂质量证明文件、预拉力复试报告，钢结构摩擦面的抗滑移系数及高强度螺栓连接副的试验报告	永久	供货单位、检测单位	施工单位	
			8）高强度大六角头螺栓连接副扭矩系数复试报告，螺栓最小荷载试验报告	永久	供货单位、检测单位	施工单位	
			9）网架节点承载力试验报告	永久	供货单位、检测单位	施工单位	
			（3）屋面工程				
			1）混凝土预制块出厂质量证明文件	永久	供货单位、检测单位	施工单位	
			2）防水卷材、涂膜防水材料、密封材料出厂质量证明文件及复试报告	永久	供货单位、检测单位	施工单位	
			3）保温材料出厂质量证明文件	永久	供货单位、检测单位	施工单位	

续表

分类号	类目名	归档范围		保管期限	文件来源	归档单位	备注
		文件类别	主要归档文件				
842	中控楼和升压站建筑工程	03 材料、构件	（4）装饰装修工程				
			1）装饰装修、节能保温材料出厂质量证明文件	永久	供货单位、检测单位	施工单位	
			2）幕墙的玻璃、石材、板材、结构材料出厂质量证明文件	永久	供货单位、检测单位	施工单位	
			3）门窗及幕墙抗风压、水密性、气密性、结构胶相容性试验报告	永久	供货单位、检测单位	施工单位	
			4）有关胶料配合比试验单	永久	供货单位、检测单位	施工单位	
			（5）建筑安装工程				
			1）给水排水及采暖工程材料、配件、器具及设备出厂质量证明文件	永久	供货单位、检测单位	施工单位	设备出厂文件归入9大类
			2）建筑电气安装工程材料、元件、器具及设备出厂质量证明文件	永久	供货单位、检测单位	施工单位	设备出厂文件归入9大类
			3）通风与空调工程材料、风管及部件、仪表及设备出厂质量证明文件	永久	供货单位、检测单位	施工单位	设备出厂文件归入9大类
			4）电梯、智能建筑工程材料出厂质量证明文件	永久	供货单位、检测单位	施工单位	设备出厂文件归入9大类
		04 施工记录	（1）地基与基础工程	永久	施工单位	施工单位	
			1）测量放线记录	永久	施工单位	施工单位	
			2）地基处理、验槽、钎探施工记录	永久	施工单位	施工单位	
			3）预制桩接头施工记录	永久	施工单位	施工单位	
			4）打（压）桩试桩记录，沉桩记录、成孔记录、桩施工记录	永久	施工单位	施工单位	
			5）灌注桩成孔、钢筋笼及混凝土灌注检查记录及施工记录	永久	施工单位	施工单位	
			6）钢筋隐蔽工程验收记录，地基验槽隐蔽工程验收记录，混凝土结构实体、预埋铁件隐蔽工程验收记录	永久	施工单位	施工单位	

分类号	类目名	归档范围		保管期限	文件来源	归档单位	备注
		文件类别	主要归档文件				
842	中控楼和升压站建筑工程	04 施工记录	7）混凝土工程施工记录、测温记录、养护记录、混凝土生产强度统计评定记录	永久	施工单位	施工单位	
			8）施工日志	永久	施工单位	施工单位	
			（2）结构工程	永久	施工单位	施工单位	
			1）混凝土工程施工记录、测温记录、养护记录、混凝土生产强度统计评定记录	永久	施工单位	施工单位	
			2）装配式结构吊装记录	永久	施工单位	施工单位	
			3）预应力筋安装、张拉及灌浆记录	永久	施工单位	施工单位	
			4）高强度螺栓连接副施工扭矩检验记录	永久	施工单位	施工单位	
			5）焊接施工记录，焊缝外观及焊缝尺寸检查记录	永久	施工单位	施工单位	
			6）沉降观测记录、沉降观测示意图	永久	施工单位	施工单位	
			7）结构实体钢筋保护层厚度检验记录	永久	施工单位	施工单位	
			8）结构尺寸验收报告、探伤报告	永久	施工单位	施工单位	
			9）喷砂施工记录、防腐施工记录、岩棉敷设验收记录、高压吸水物安装验收记录	永久	施工单位	施工单位	
			10）舾装板安装验收报告	永久	施工单位	施工单位	
			11）隐蔽工程验收记录	永久	施工单位	施工单位	
			12）强制性标准执行检查记录	永久	施工单位	施工单位	
			13）施工日志	永久	施工单位	施工单位	
			（3）屋面工程	永久	施工单位	施工单位	
			1）屋面防水层淋水、蓄水试验记录	永久	施工单位	施工单位	
			2）保温层厚度测试记录	永久	施工单位	施工单位	
			3）卷材、涂膜防水层的基层施工记录	永久	施工单位	施工单位	
			4）刚性保护层与防水层之间隔离层施工记录、涂料防水层厚度记录、防水卷材搭接宽度记录	永久	施工单位	施工单位	

分类号	类目名	归档范围		保管期限	文件来源	归档单位	备注
		文件类别	主要归档文件				
842	中控楼和升压站建筑工程	04 施工记录	5）天沟、檐沟、泛水和变形缝等细部做法施工记录	永久	施工单位	施工单位	
			6）找平层及排水沟排水坡度测量记录	永久	施工单位	施工单位	
			7）隐蔽工程验收记录	永久	施工单位	施工单位	
			8）强制性标准执行检查记录	永久	施工单位	施工单位	
			9）施工日志	永久	施工单位	施工单位	
			（4）装饰装修	永久	施工单位	施工单位	
			1）吊顶、幕墙、外墙饰面板（砖）、预埋件及粘贴施工记录，幕墙及外窗气密性、水密性、耐风压检测报告、门窗框正、侧面垂直度检测记录，墙体保温隔热隐蔽验收记录	永久	施工单位	施工单位	
			2）节能、保温工程施工记录，地面节能隐蔽验收记录	永久	施工单位	施工单位	
			3）烟道通烟、风道通风试验记录	永久	施工单位	施工单位	
			4）有防水要求的房间地面蓄水试验记录	永久	施工单位	施工单位	
			5）新材料、新工艺施工记录	永久	施工单位	施工单位	
			6）外窗传热性能检测记录，建筑节能、保温检测记录	永久	施工单位	施工单位	
			7）幕墙工程与主体结构连接的预埋件及金属框架的连接检测记录、幕墙垂直度检测记录	永久	施工单位	施工单位	
			8）室内环境检测记录	永久	施工单位	施工单位	
			9）立面垂直度检测记录、表面平整度检测记录、地面平整度检测记录	永久	施工单位	施工单位	
			10）外墙块材镶贴的粘结强度检测报告	永久	施工单位	施工单位	
			11）隐蔽工程验收记录	永久	施工单位	施工单位	
			12）强制性标准执行检查记录	永久	施工单位	施工单位	
			13）施工日志	永久	施工单位	施工单位	
			（5）建筑安装	永久	施工单位	施工单位	
			1）给排水与采暖工程	永久	施工单位	施工单位	

续表

分类号	类目名	归档范围		保管期限	文件来源	归档单位	备注
		文件类别	主要归档文件				
842	中控楼和升压站建筑工程	04 施工记录	①主要管道施工记录，管道穿墙、穿楼板套管安装施工记录	永久	施工单位	施工单位	
			②给水管道冲洗、消毒记录、给水管道水压及通水试验记录	永久	施工单位	施工单位	
			③阀门安装前强度和严密性试验记录	永久	施工单位	施工单位	
			④卫生器具、水池满水试验记录	永久	施工单位	施工单位	
			⑤消防管道、燃气管道压力试验记录	永久	施工单位	施工单位	
			⑥管道、阀门等设备强度试验记录及严密性试验记录	永久	施工单位	施工单位	
			⑦生活饮用水水质检测报告	永久	施工单位	施工单位	
			⑧采暖系统调试测试记录、试运行测试记录、安全阀测试记录	永久	施工单位	施工单位	
			⑨强制性标准执行检查记录	永久	施工单位	施工单位	
			⑩隐蔽工程验收记录	永久	施工单位	施工单位	
			⑪施工日志	永久	施工单位	施工单位	
			2）建筑电气	永久	施工单位	施工单位	
			①照明全负荷试验记录	永久	施工单位	施工单位	
			②接地装置、防雷装置的接地电阻测试记录	永久	施工单位	施工单位	
			③柜、屏、台、箱、盘安装垂直度检测记录	永久	施工单位	施工单位	
			④同一场所成排灯具中心线偏差检测记录、同一场所的同一墙面的开关、插座面板的高度差检测记录、大型灯具牢固性及悬吊装置过载试验记录	永久	施工单位	施工单位	
			⑤漏电保护模拟动作电流、时间测试记录	永久	施工单位	施工单位	
			⑥室内外低于 2.4m 灯具绝缘性能检测	永久	施工单位	施工单位	
			⑦配电箱、插座、开关接线（接地）通电检查记录	永久	施工单位	施工单位	

分类号	类目名	归档范围		保管期限	文件来源	归档单位	备注
		文件类别	主要归档文件				
842	中控楼和升压站建筑工程	04 施工记录	⑧导线、设备、元件、器具绝缘电阻测试记录	永久	施工单位	施工单位	
			⑨强制性标准执行检查记录	永久	施工单位	施工单位	
			⑩隐蔽工程验收记录	永久	施工单位	施工单位	
			⑪施工日志	永久	施工单位	施工单位	
			3）通风与空调	永久	施工单位	施工单位	
			①通风、空调系统安装及调试记录	永久	施工单位	施工单位	
			②风量、温度测试记录	永久	施工单位	施工单位	
			③风管及部件加工制作记录	永久	施工单位	施工单位	
			④防火阀、防爆阀、排烟阀等安装记录及启闭联动试验记录	永久	施工单位	施工单位	
			⑤风口尺寸检测记录、安装的水平度，风口垂直安装的垂直度检测记录	永久	施工单位	施工单位	
			⑥防火阀距墙表面的距离检测记录	永久	施工单位	施工单位	
			⑦接地电阻测试记录	永久	施工单位	施工单位	
			⑧通风管道严密性试验记录	永久	施工单位	施工单位	
			⑨隐蔽工程验收记录	永久	施工单位	施工单位	
			⑩强制性标准执行检查记录	永久	施工单位	施工单位	
			⑪施工日志	永久	施工单位	施工单位	
			4）电梯	永久	施工单位	施工单位	
			①电梯、电气装置接地、绝缘电阻测试记录	永久	施工单位	施工单位	
			②电梯负荷试验、安全装置检查记录	永久	施工单位	施工单位	
			③电梯安装调试验收资料	永久	施工单位	施工单位	
			④层门与轿门实验记录	永久	施工单位	施工单位	
			⑤曳引式电梯空载、额定载荷运行测试记录	永久	施工单位	施工单位	
			⑥液压式电梯超载、额定载荷运行测试记录	永久	施工单位	施工单位	
			⑦强制性标准执行检查记录	永久	施工单位	施工单位	
			⑧隐蔽工程验收记录	永久	施工单位	施工单位	
			⑨施工日志	永久	施工单位	施工单位	

续表

分类号	类目名	归档范围		保管期限	文件来源	归档单位	备注
		文件类别	主要归档文件				
842	中控楼和升压站建筑工程	04 施工记录	5）智能建筑	永久	施工单位	施工单位	
			①通信网络应用软件系统、硬件设备测试记录及隐蔽验收记录	永久	施工单位	施工单位	
			②系统电源及接地电阻检测报告	永久	施工单位	施工单位	
			③系统集成检测记录	永久	施工单位	施工单位	
			④设备监控系统验收记录、隐蔽验收记录	永久	施工单位	施工单位	
			⑤安防系统验收文件	永久	施工单位	施工单位	
			⑥机柜、机架安装垂直度偏差检测记录	永久	施工单位	施工单位	
			⑦桥架及线槽水平度、垂直度检测记录	永久	施工单位	施工单位	
			⑧强制性标准执行检查记录	永久	施工单位	施工单位	
			⑨隐蔽工程验收记录	永久	施工单位	施工单位	
			⑩施工日志	永久	施工单位	施工单位	
		05 验收记录	（1）中间交接验收签证记录	30 年	施工单位	施工单位	
			（2）检验批、分项工程质量验收记录	30 年	施工单位	施工单位	
			（3）分部（子分部）工程质量验收记录，控制资料核查记录、安全和主要功能抽查记录、观感记录	30 年	施工单位	施工单位	
			（4）单位工程质量验收记录、控制资料核查记录、安全和主要功能抽查记录、观感记录	30 年	施工单位	施工单位	
		06 统计汇总	（1）施工缺陷处理汇总表	30 年	施工单位	施工单位	
			（2）项目部管理及施工人员动态管理台账	30 年	施工单位	施工单位	
			（3）计量器具汇总登记表	30 年	施工单位	施工单位	
			（4）钢筋使用跟踪台账	30 年	施工单位	施工单位	
			（5）水泥、预拌混凝土使用跟踪台账	30 年	施工单位	施工单位	
			（6）设计更改执行情况登记表、工程材料统计汇总表	30 年	施工单位	施工单位	
			（7）施工总结	30 年	施工单位	施工单位	

分类号	类目名	归档范围		保管期限	文件来源	归档单位	备注
		文件类别	主要归档文件				
843	升压站电气设备安装工程	01 管理体系	（1）施工单位资质文件，质量管理体系、职业健康安全管理体系、环境管理体系认证证书	永久	施工单位	施工单位	
			（2）项目部成立及项目部印章启用文件、项目经理任命文件、项目部组织机构、项目部人员资质文件	永久	施工单位	施工单位	
			（3）公司法人代表对项目经理授权委托书、项目经理对工程质量终身承诺书	永久	施工单位	施工单位	
		02 施工管理	（1）工程开工/复工报审表、施工组织设计、施工方案、专项施工方案及评审意见、安全技术交底记录、电气设备试验方案、单位工程质量检验项目划分表、工程应执行的法规、标准清单及动态管理记录、强制性标准实施计划	永久	施工单位	施工单位	
			（2）供货商、试验单位、混凝土搅拌站资质文件，特殊工种人员资质报审文件、特种设备报审文件、计量器具报审文件	永久	施工单位	施工单位	
			（3）施工现场质量管理检查记录	永久	施工单位	施工单位	
		03 安装记录	（1）一次、二次设备				
			1）变压器系统安装记录	永久	施工单位	施工单位	
			2）变压器（油浸电抗器）运输冲击记录	永久	施工单位	施工单位	
			3）主变压器真空注油及密封试验签证记录	永久	施工单位	施工单位	
			4）室外配电装置安装记录	永久	施工单位	施工单位	
			5）封闭式组合电器安装记录	永久	施工单位	施工单位	
			6）无功补偿系统安装记录	永久	施工单位	施工单位	
			7）高压成套柜安装记录	永久	施工单位	施工单位	
			8）低压配电盘安装记录	永久	施工单位	施工单位	
			9）站用变压器安装记录	永久	施工单位	施工单位	
			10）母线装置安装记录	永久	施工单位	施工单位	

分类号	类目名	归档范围		保管期限	文件来源	归档单位	备注
		文件类别	主要归档文件				
843	升压站电气设备安装工程	03 安装记录	11）就地动力、控制设备安装记录	永久	施工单位	施工单位	
			12）控制及直流系统安装记录	永久	施工单位	施工单位	
			13）蓄电池充放电记录	永久	施工单位	施工单位	
			14）通信系统安装记录	永久	施工单位	施工单位	
			15）控制及保护屏安装记录	永久	施工单位	施工单位	
			16）全站接地装置安装记录	永久	施工单位	施工单位	
			17）强制性标准执行检查记录	永久	施工单位	施工单位	
			18）隐蔽工程验收记录	永久	施工单位	施工单位	
			19）施工日志	永久	施工单位	施工单位	
			（2）防雷接地装置				
			1）避雷针接地装置安装记录	永久	施工单位	施工单位	
			2）屋外接地装置隐蔽前检查记录、签证	永久	施工单位	施工单位	
			3）接地电阻验收签证记录	永久	施工单位	施工单位	
			4）强制性标准执行检查记录	永久	施工单位	施工单位	
			5）接地隐蔽工程验收、签证记录	永久	施工单位	施工单位	
			6）施工日志	永久	施工单位	施工单位	
		04 电气设备试验	（1）电气设备交接试验				
			1）电力变压器、电抗器及消弧线圈、互感器试验报告	永久	施工单位	施工单位	
			2）真空断路器、六氟化硫断路器、六氟化硫封闭式组合电器试验报告	永久	施工单位	施工单位	
			3）隔离开关、负荷开关及高压熔断器试验报告	永久	施工单位	施工单位	
			4）套管、绝缘油和六氟化硫气体试验报告	永久	施工单位	施工单位	
			5）悬式绝缘子、支柱绝缘子、电力电缆线路试验报告	永久	施工单位	施工单位	
			6）电容器、避雷器试验报告	永久	施工单位	施工单位	
			7）其他设备试验报告	永久	施工单位	施工单位	
			（2）防雷接地装置				

分类号	类目名	归档范围		保管期限	文件来源	归档单位	备注
		文件类别	主要归档文件				
843	升压站电气设备安装工程	04 电气设备试验	1）接地网电气完整性测试报告	永久	施工单位	施工单位	
			2）接地阻抗检测报告	永久	施工单位	施工单位	
			3）升压站主接地网试验报告、独立避雷针测试报告	永久	施工单位	施工单位	
			4）防雷接地检测报告	永久	施工单位	施工单位	
		05 验收记录	分项、分部、单位工程质量验收记录，质量评定记录	30 年	施工单位	施工单位	
		06 统计汇总	（1）试验检测仪器仪表、计量器具统计表	30 年	施工单位	施工单位	
			（2）工程设备、材料统计表	30 年	施工单位	施工单位	
			（3）施工总结	30 年	施工单位	施工单位	
844	场内集电线路工程	01 管理体系	（1）施工单位资质文件，质量管理体系、职业健康安全管理体系、环境管理体系认证证书	30 年	施工单位	施工单位	
			（2）项目部成立及项目部印章启用文件、项目经理任命文件、项目部组织机构、项目部人员资质文件	30 年	施工单位	施工单位	
			（3）公司法人代表对项目经理授权委托书、项目经理对工程质量终身承诺书	30 年	施工单位	施工单位	
		02 施工管理	（1）工程开工、复工报审表，施工组织设计、施工方案、专项施工方案及评审意见、安全技术交底记录、单位工程质量检验项目划分表，工程应执行的法规、标准清单及动态管理记录，强制性标准实施计划，工程材料、构件检测计划	30 年	施工单位	施工单位	
			（2）供货商、试验单位、混凝土搅拌站资质文件，特殊工种人员资质报审文件、特种设备报审文件、计量器具报审文件	30 年	施工单位	施工单位	
			（3）施工现场质量管理检查记录	30 年	施工单位	施工单位	
		03 材料、构件	（1）架空线路				

分类号	类目名	归档范围		保管期限	文件来源	归档单位	备注
		文件类别	主要归档文件				
844	场内集电线路工程	03 材料、构件	1）混凝土原材料水泥、砂石、外加剂出厂质量证明文件及试验报告，搅拌用水检测报告，配合比试验报告、开盘鉴定、混凝土强度试验报告	永久	供货单位、检测单位	施工单位	
			2）钢材出厂质量证明文件、复试报告，钢筋接头型式试验报告	永久	供货单位、检测单位	施工单位	
			3）焊条、焊丝出厂质量证明文件	永久	供货单位、检测单位	施工单位	
			4）塔材及其附件出厂质量证明文件	永久	供货单位、检测单位	施工单位	
			5）导线、光缆、钢绞线、镀锌铁线产品合格证、产品出厂检验报告及复试报告	永久	供货单位、检测单位	施工单位	
			6）金具、绝缘子产品合格证及试验报告	永久	供货单位、检测单位	施工单位	
			（2）电缆工程				
			电缆、海缆、光缆、光纤出厂合格证，产品试验报告及复试报告	永久	供货单位、检测单位	施工单位	
		04 施工记录	（1）架空线路	永久		施工单位	
			1）路径复测记录	永久	施工单位	施工单位	
			2）普通（掏挖）基础和拉线基础分坑及开挖检查记录	永久	施工单位	施工单位	
			3）地基基坑（槽）检查记录，地基验槽、钢筋隐蔽工程验收记录	永久	施工单位	施工单位	
			4）灌注桩基础检查记录	永久	施工单位	施工单位	
			5）铁塔基础浇筑检查记录	永久	施工单位	施工单位	
			6）铁塔基础成型检查记录	永久	施工单位	施工单位	
			7）混凝土电杆基础检查记录	永久	施工单位	施工单位	
			8）铁塔组立、混凝土电杆组立检查记录	永久	施工单位	施工单位	
			9）铁塔拉线压接管检查记录	永久	施工单位	施工单位	
			10）导、地线（光缆）展放及紧线施工检查记录	永久	施工单位	施工单位	

分类号	类目名	归档范围		保管期限	文件来源	归档单位	备注
		文件类别	主要归档文件				
844	场内集电线路工程	04 施工记录	11）导、地线液压管施工检查记录	永久	施工单位	施工单位	
			12）导、地线（光缆）附件安装检查记录	永久	施工单位	施工单位	
			13）光缆测试报告	永久	施工单位	施工单位	
			14）对地、风偏与交叉跨越检查记录	永久	施工单位	施工单位	
			15）接地装置施工检查记录	永久	施工单位	施工单位	
			16）杆上电气设备安装检查记录	永久	施工单位	施工单位	
			17）线路防护设施检查记录	永久	施工单位	施工单位	
			18）10kV 线路杆塔基础、杆塔组立检查记录	永久	施工单位	施工单位	
			19）10kV 线路金具及附件检查记录、导线架设检查记录	永久	施工单位	施工单位	
			20）施工日志	永久	施工单位	施工单位	
			（2）电缆工程				
			1）电缆敷设路径施工记录、海缆线路测试记录	永久	施工单位	施工单位	
			2）电缆头和终端制作记录、电缆接头检测报告	永久	施工单位	施工单位	
			3）电缆防火阻燃记录	永久	施工单位	施工单位	
			4）电缆隐蔽工程签证	永久	施工单位	施工单位	
			5）施工日志	永久	施工单位	施工单位	
		05 试验报告	（1）材料试验				
			电缆、海缆试验报告，导线压接试验报告，光缆衰减试验记录	永久	试验单位	施工单位	
			（2）杆塔上电气设备交接试验报告	永久	试验单位	施工单位	
			1）杆上油浸式电力变压器交接试验报告	30 年	试验单位	施工单位	
			2）六氟化硫断路器交接试验报告	30 年	试验单位	施工单位	
			3）隔离开关交接试验报告	30 年	试验单位	施工单位	
			4）高压熔断器交接试验报告	30 年	试验单位	施工单位	
			5）无间隙金属氧化物避雷器交接试验报告	30 年	试验单位	施工单位	

续表

分类号	类目名	归档范围		保管期限	文件来源	归档单位	备注
		文件类别	主要归档文件				
844	场内集电线路工程	05 试验报告	6）组合式金属氧化物避雷器交接试验报告	30 年	试验单位	施工单位	
			（3）投运试验				
			1）线路参数测试记录	30 年	施工单位、试验单位	施工单位	
			2）线路相位测试报告	30 年	施工单位、试验单位	施工单位	
			3）线路绝缘电阻测试报告	30 年	施工单位、试验单位	施工单位	
			4）带负荷试运行 24h 试验报告	30 年	施工单位、试验单位	施工单位	
			5）以额定电压对线路冲击合闸 3 次试验报告	30 年	施工单位、试验单位	施工单位	
		06 验收记录	（1）强制性标准执行检查记录	永久	施工单位	施工单位	
			（2）中间交接验收记录	永久	施工单位	施工单位	
			（3）单元、分项、分部、单位工程质量验收记录	永久	施工单位	施工单位	
			（4）分部工程质量验收统计表	永久	施工单位	施工单位	
			（5）单位工程质量验收统计表	永久	施工单位	施工单位	
		07 统计汇总	（1）设计变更、代用材料登记表	30 年	施工单位	施工单位	
			（2）施工缺陷处理汇总表	30 年	施工单位	施工单位	
			（3）项目部管理及施工人员动态管理台账	30 年	施工单位	施工单位	
			（4）计量器具汇总登记表	30 年	施工单位	施工单位	
			（5）钢筋使用跟踪台账	30 年	施工单位	施工单位	
			（6）水泥、预拌混凝土使用跟踪台账	30 年	施工单位	施工单位	
			（7）施工总结	30 年	施工单位	施工单位	
845	送出工程	01 管理体系	（1）施工单位资质文件，质量管理体系、职业健康安全管理体系、环境管理体系认证证书	30 年	施工单位	施工单位	
			（2）项目部成立及项目部印章启用文件、项目经理任命文件、项目部组织机构、项目部人员资质文件	30 年	施工单位	施工单位	

分类号	类目名	归档范围		保管期限	文件来源	归档单位	备注
		文件类别	主要归档文件				
845	送出工程	02 开工报审	（3）公司法人代表对项目经理授权委托书、项目经理对工程质量终身承诺书	30年	施工单位	施工单位	
			（1）工程开工、复工报审表，施工组织设计、施工方案、专项施工方案及评审意见、安全技术交底记录、单位工程质量检验项目划分表，工程应执行的法规、标准清单及动态管理记录，强制性标准实施计划，工程材料、构件检测计划	30年	施工单位	施工单位	
			（2）供货商、试验单位、混凝土搅拌站资质文件，特殊工种人员资质报审文件、特种设备报审文件、计量器具报审文件	30年	施工单位	施工单位	
		03 材料、构件	（1）混凝土原材料水泥、砂石、外加剂出厂质量证明文件，搅拌用水检测报告，配合比试验报告、开盘鉴定、混凝土强度试验报告	永久	供货单位、检测单位	施工单位	
			（2）钢筋出厂质量证明文件、复试报告，钢筋接头型式试验报告	永久	供货单位、检测单位	施工单位	
			（3）焊条、焊丝出厂质量证明文件	永久	供货单位、检测单位	施工单位	
			（4）塔材、镀锌铁件、镀锌螺栓出厂质量证明文件	永久	供货单位、检测单位	施工单位	
			（5）导线、地线及光缆、钢绞线产品合格证及出厂检验报告	永久	供货单位、检测单位	施工单位	
			（6）金具、绝缘子产品合格证及试验报告	永久	供货单位、检测单位	施工单位	
		04 施工记录	（1）施工质量检查记录	永久	施工单位	施工单位	
			1）路径复测记录	永久	施工单位	施工单位	
			2）普通基础和拉线基础分坑及开挖检查记录	永久	施工单位	施工单位	
			3）岩石、掏挖基础分坑及开挖检查记录表	永久	施工单位	施工单位	
			4）施工基面及电气开方检查记录	永久	施工单位	施工单位	

分类号	类目名	归档范围		保管期限	文件来源	归档单位	备注
		文件类别	主要归档文件				
845	送出工程	04 施工记录	5）交叉跨越检查记录表	永久	施工单位	施工单位	
			6）地线复合光缆现场开盘检测记录表	永久	施工单位	施工单位	
			7）地线复合光缆接头衰耗测试记录表	永久	施工单位	施工单位	
			8）地线复合光缆纤芯衰耗测试记录表	永久	施工单位	施工单位	
			9）地基验槽隐蔽工程验收记录	永久	施工单位	施工单位	
			10）钢筋工程隐蔽验收记录	永久	施工单位	施工单位	
			11）施工日志	永久	施工单位	施工单位	
			（2）施工质量检查及评定记录	永久	施工单位	施工单位	
			1）现浇铁塔、杆塔拉线、岩石掏挖等基础检查及评定记录	永久	施工单位	施工单位	
			2）灌注桩、贯入桩基础检查及评定记录	永久	施工单位	施工单位	
			3）铁塔组立、杆组立检查及评定记录	永久	施工单位	施工单位	
			4）导线、地线（含地线复合光缆）展放施工检查及评定记录	永久	施工单位	施工单位	
			5）导线、地线直线压接管施工检查及评定记录	永久	施工单位	施工单位	
			6）导线、地线、紧线施工检查及评定记录	永久	施工单位	施工单位	
			7）导线、地线直线压接管施工检查及评定记录	永久	施工单位	施工单位	
			8）导线、地线（含地线复合光缆）附件安装施工检查及评定记录	永久	施工单位	施工单位	
			9）接地装置、线路防护设施施工检查及评定记录	永久	施工单位	施工单位	
			10）施工日志	永久	施工单位	施工单位	
		05 试验报告	（1）电缆试验报告	30 年	试验单位、施工单位	施工单位	
			（2）线路参数、高频特性测试记录	30 年	试验单位、施工单位	施工单位	

续表

分类号	类目名	归档范围		保管期限	文件来源	归档单位	备注
		文件类别	主要归档文件				
845	送出工程	05 试验报告	（3）导线压接试验报告	30 年	试验单位、施工单位	施工单位	
			（4）光缆衰减试验记录	30 年	试验单位、施工单位	施工单位	
			（5）核对线路相位记录	30 年	试验单位、施工单位	施工单位	
			（6）线路绝缘电阻测试报告	30 年	试验单位、施工单位	施工单位	
			（7）带负荷试运行24h试验报告	30 年	试验单位、施工单位	施工单位	
			（8）以额定电压对线路冲击合闸3次试验报告	30 年	试验单位、施工单位	施工单位	
		06 验收记录	（1）单元、分项、分部、单位工程质量验收记录	30 年	施工单位	施工单位	
			（2）分部工程质量评定统计表	30 年	施工单位	施工单位	
			（3）单位工程质量评定统计表	30 年	施工单位	施工单位	
		07 统计汇总	（1）设计变更、代用材料登记表	30 年	施工单位	施工单位	
			（2）施工缺陷处理汇总表	30 年	施工单位	施工单位	
			（3）项目部管理及施工人员动态管理台账	30 年	施工单位	施工单位	
			（4）计量器具汇总登记表	30 年	施工单位	施工单位	
			（5）钢筋使用跟踪台账	30 年	施工单位	施工单位	
			（6）水泥、预拌混凝土使用跟踪台账	30 年	施工单位	施工单位	
			（7）施工总结	30 年	施工单位	施工单位	
846	交通工程	01 管理体系	（1）施工单位资质文件，质量管理体系、职业健康安全管理体系、环境管理体系认证证书	30 年	施工单位	施工单位	
			（2）项目部成立及项目部印章启用文件、项目经理任命文件、项目部组织机构、项目部人员资质文件	30 年	施工单位	施工单位	
			（3）公司法人代表对项目经理授权委托书、项目经理对工程质量终身承诺书	30 年	施工单位	施工单位	

续表

分类号	类目名	归档范围		保管期限	文件来源	归档单位	备注
		文件类别	主要归档文件				
846	交通工程	02 施工管理	（1）工程开工、复工报审表，施工组织设计、施工方案、专项施工方案及评审意见，安全技术交底记录、单位工程质量检验项目划分表，工程应执行的法规、标准清单及动态管理记录、强制性标准实施计划	30年	施工单位	施工单位	
			（2）供货商、试验单位、混凝土搅拌站资质文件，特殊工种人员资质报审文件、特种设备报审文件、计量器具报审文件	30年	施工单位	施工单位	
			（3）施工现场质量管理检查记录	30年	施工单位	施工单位	
		03 材料、构件	（1）砂石、碎石检测报告及复试报告	30年	供货单位、试验单位	施工单位	
			（2）沥青、集料、嵌缝料检验报告及复试报告	30年	供货单位、试验单位	施工单位	
			（3）土、石灰、粉煤灰试验报告及复试报告	30年	供货单位、试验单位	施工单位	
			（4）水泥、混凝土出厂质量证明文件及复试报告	30年	供货单位、试验单位	施工单位	
			（5）预制块出厂质量证明文件	30年	供货单位	施工单位	
		04 施工及验收	（1）基层、面层压实度检测报告	30年	试验单位	施工单位	
			（2）混凝土强度试验报告	30年	试验单位	施工单位	
			（3）基层、面层施工记录	30年	施工单位	施工单位	
			（4）检验批、分项、分部、单位工程质量验收记录	30年	施工单位	施工单位	
			（5）施工总结	30年	施工单位	施工单位	
			（6）施工日志	30年	施工单位	施工单位	
847	专项工程	01 消防工程	管理体系文件：	30年	施工单位	施工单位	
			（1）施工单位资质文件，质量管理体系、职业健康安全管理体系、环境管理体系认证证书	30年	施工单位	施工单位	
			（2）项目部成立及项目部印章启用文件、项目经理任命文件、项目部组织机构、项目部人员资质文件	30年	施工单位	施工单位	
			（3）公司法人代表对项目经理法人授权委托书、工程质量终身承诺书	30年	施工单位	施工单位	

分类号	类目名	归档范围		保管期限	文件来源	归档单位	备注
		文件类别	主要归档文件				
847	专项工程	01 消防工程	施工管理文件：				
			（1）工程开工、复工报审表，施工组织设计、施工方案、专项施工方案及评审意见，安全技术交底记录、单位工程质量检验项目划分表，工程应执行的法规、标准清单及动态管理记录，强制性标准实施计划，工程材料、构件检测计划	30年	施工单位	施工单位	
			（2）供货商、试验单位、混凝土搅拌站资质文件，特殊工种人员资质报审文件、特种设备报审文件、计量器具报审文件	30年	施工单位	施工单位	
			（3）施工现场质量管理检查记录	30年	施工单位	施工单位	
			材料、构件质量证明文件：				
			（1）管材、槽盒、电缆电线出厂质量证明文件	30年	供货单位、检测单位	施工单位	
			（2）手动火灾报警按钮、消火栓按钮等出厂质量证明文件	30年	供货单位、检测单位	施工单位	
			施工及验收文件：				
			（1）消防管道压力试验记录	30年	试验单位、施工单位	施工单位	
			（2）消火栓系统试射试验	30年	试验单位、施工单位	施工单位	
			（3）高、中、低倍数泡沫灭火系统喷泡沫试验	30年	试验单位、施工单位	施工单位	
			（4）泡沫消火栓喷水试验	30年	试验单位、施工单位	施工单位	
			（5）火灾自动报警系统安装调试记录	30年	施工单位	施工单位	
			（6）固定式灭火设施、移动式灭火设施安装及调试记录	30年	试验单位、施工单位	施工单位	
			（7）消防工程联调报告	30年	施工单位	施工单位	
			（8）检验批、分项、分部（子分部）工程质量验收记录	30年	施工单位	施工单位	
			（9）施工总结	30年	施工单位	施工单位	
			（10）施工日志	30年	施工单位	施工单位	

分类号	类目名	归档范围		保管期限	文件来源	归档单位	备注
		文件类别	主要归档文件				
847	专项工程	02 环境保护、水土保持、安全设施、节能	环境保护、水土保持、安全设施、节能等专项工程施工及质量验收文件	30 年	施工单位	施工单位	如果此部分内容在主体工程项目划分表中,施工文件应归入相应的单位工程
		03 海上风电	海上风电防台、防雷、防腐专项工程施工及质量验收文件	30 年	施工单位	施工单位	
848	配套工程	01 供暖项目供热站	同本表分类号 84 归档文件内容	30 年	施工单位	施工单位	
		02 储能项目	同本表分类号 84 归档文件内容	30 年	施工单位	施工单位	
849	其他		同本表分类号 84 归档文件内容	30 年	施工单位	施工单位	
85	调整试验与试运行						
850	综合		(1) 启动委员会成立文件,试运行审批文件	30 年	建设单位	建设单位、调试单位	
			(2) 调试计划及审批意见、工程(调试)联系单、定值单	30 年	建设单位	调试单位	
851	风电场区设备调试	01 管理体系	(1) 调试单位资质文件,质量管理体系、职业健康安全管理体系、环境管理体系认证证书	30 年	调试单位	建设单位、调试单位	
			(2) 项目部成立及项目部印章启用文件、项目经理任命文件、项目部组织机构、项目部调试人员资质文件	30 年	调试单位	建设单位、调试单位	
			(3) 公司法人代表对项目经理授权委托书、工程质量终身承诺书	30 年	调试单位	建设单位、调试单位	
		02 调试方案	(1) 风机调试手册,风机启动调试方案、监控系统调试方案、措施及交底记录、单机试运方案、措施及交底记录	30 年	调试单位	调试单位	
			(2) 计量器具检定证书	30 年	调试单位	调试单位	

续表

分类号	类目名	归档范围		保管期限	文件来源	归档单位	备注
		文件类别	主要归档文件				
851	风电场区设备调试	03 风机调试	（1）单机试运条件检查确认表	30年	调试单位	调试单位	
			（2）基本功能调试记录	30年	调试单位	调试单位	
			（3）安全链保护功能调试记录	30年	调试单位	调试单位	
			（4）手动并网调试、自动并网调试记录	30年	调试单位	调试单位	
			（5）调试与试验强制性标准执行检查记录	30年	调试单位	调试单位	
			（6）单体调试记录、调试总结报告	30年	调试单位	调试单位	
		04 中央监控系统调试	（1）监控系统与风机、升压站综合自动化系统通讯调试记录	30年	调试单位	调试单位	
			（2）监控系统对机组实时数据、历史数据、统计数据正确展示记录	30年	调试单位	调试单位	
			（3）监控系统其他功能调试记录	30年	调试单位	调试单位	
			（4）调试总结报告	30年	调试单位	调试单位	
852	升压站电气设备调试	01 管理体系	（1）调试单位资质文件，质量管理体系、职业健康安全管理体系、环境管理体系认证证书	30年	调试单位	调试单位	
			（2）项目部成立及项目部印章启用文件、项目经理任命文件、项目部组织机构、项目部人员资质文件	30年	调试单位	调试单位	
			（3）公司法人代表对项目经理授权委托书、工程质量终身承诺书	30年	调试单位	调试单位	
		02 调试方案	（1）升压站启动方案、升压站启动应急预案，升压站设备单体调试方案、试验方案、整套启动方案	30年	调试单位	调试单位	
			（2）计量器具检定证书	30年	调试单位	调试单位	
		03 单体调试	（1）电力变压器、无功补偿、封闭组合电器设备（GIS）、电抗器及消弧线圈、互感器、避雷器等电器设备调试记录	30年	调试单位	调试单位	
			（2）断路器、隔离开关、负荷开关及高压熔断器等开关设备调试记录	30年	调试单位	调试单位	
			（3）接地装置、绝缘装置调试记录	30年	调试单位	调试单位	
			（4）继电保护及安全自动装置调试记录	30年	调试单位	调试单位	
			（5）电能计量装置、电测量指示仪表调试记录	30年	调试单位	调试单位	

分类号	类目名	归档范围		保管期限	文件来源	归档单位	备注
		文件类别	主要归档文件				
852	升压站电气设备调试	03 单体调试	（6）仪表校验试验报告	30 年	调试单位	调试单位	
			（7）低压配电装置和馈电线路、高压电力线路调试记录	30 年	调试单位	调试单位	
		04 分系统调试	（1）站用电系统调试	30 年	调试单位	调试单位	
			（2）工作及事故照明系统调试	30 年	调试单位	调试单位	
			（3）直流系统、不间断电源系统调试	30 年	调试单位	调试单位	
			（4）主变压器、高压母线系统受电调试	30 年	调试单位	调试单位	
			（5）一次、二次系统通流（压）试验报告	30 年	调试单位	调试单位	
			（6）集电系统调试	30 年	调试单位	调试单位	
			（7）站内网络系统、网络状态监测系统和计算机监控系统调试记录	30 年	调试单位	调试单位	
			（8）继电保护系统、二次系统安全防护调试记录，保护整组联动试验报告	30 年	调试单位	调试单位	
			（9）远动通信系统、电能量信息管理系统调试记录	30 年	调试单位	调试单位	
			（10）全站同步对时系统调试记录	30 年	调试单位	调试单位	
			（11）不间断电源系统调试记录	30 年	调试单位	调试单位	
			（12）故障波系统调试报告	30 年	调试单位	调试单位	
			（13）风功率预测系统调试报告	30 年	调试单位	调试单位	
			（14）安全检测系统调试报告	30 年	调试单位	调试单位	
			（15）海底电缆监视系统调试报告	30 年	调试单位	调试单位	仅适用海上风电
		05 整套启动调试	（1）一、二次回路定相及核相调试报告	30 年	调试单位	调试单位	
			（2）同期装置检测调试报告	30 年	调试单位	调试单位	
			（3）主变压器和各母线差动保护调试报告	30 年	调试单位	调试单位	
			（4）无功补偿装置（电抗器、电容器组）自动投切调试报告	30 年	调试单位	调试单位	
			（5）升压站联调报告，海陆联调报告	30 年	调试单位	调试单位	
		06 调试总结	升压站调试总结报告	30 年	调试单位	调试单位	

分类号	类目名	归档范围		保管期限	文件来源	归档单位	备注
		文件类别	主要归档文件				
853	启动试运行		(1) 风机单机 240h 试运行记录、功率曲线	30 年	调试单位	调试单位	
			(2) 机组 240h 试运行总结报告	30 年	调试单位	调试单位	
			(3) 风机、升压站试运行缺陷处理记录	30 年	调试单位	调试单位	
			(4) 启动试运行验收签证	30 年	调试单位	调试单位	
854	性能试验	01 方案措施	性能试验方案、措施	30 年	试验单位	建设单位	
		02 检测报告	(1) 风机噪声测试报告	30 年	试验单位	建设单位	
			(2) 全场防雷接地装置检测报告	30 年	试验单位	建设单位	
			(3) 关口电表检测报告、电能质量检测报告	30 年	试验单位	建设单位	
			(4) 有功功率、无功功率控制能力检测报告	30 年	试验单位	建设单位	
			(5) 电压/频率适应能力检测报告	30 年	试验单位	建设单位	
			(6) 故障穿越能力检测报告	30 年	试验单位	建设单位	
859	其他		供暖项目供热站设备调试、试验文件	30 年	试验单位	建设单位	
86	监理						
860	综合						
861	施工监理	01 管理体系	(1) 监理单位资质文件,质量管理体系、职业健康安全管理体系、环境管理体系认证证书	永久	监理单位	监理单位	
			(2) 项目部成立及项目部印章启用文件、项目经理任命文件、项目部组织机构、项目部人员资质文件	永久	监理单位	监理单位	
			(3) 公司法人代表对项目经理授权委托书、工程质量终身承诺书	永久	监理单位	监理单位	
			(4) 管理制度	永久	监理单位	监理单位	
		02 施工准备	(1) 监理规划、监理实施细则	永久	监理单位	监理单位	
			(2) 计量器具检定证书	永久	监理单位	监理单位	
			(3) 技术标准清单（动态）	永久	监理单位	监理单位	
			(4) 绿色施工管理控制措施	永久	监理单位	监理单位	

续表

分类号	类目名	归档范围		保管期限	文件来源	归档单位	备注
		文件类别	主要归档文件				
861	施工监理	02 施工准备	（5）强制性标准执行计划	永久	监理单位	监理单位	
			（6）见证取样计划	永久	监理单位	监理单位	
			（7）平行检验计划	永久	监理单位	监理单位	
			（8）工程开工令、暂停令、复工令	永久	监理单位	监理单位	
		03 施工管理文件	（1）监理工程师通知单及回复单、监理工作联系单	永久	监理单位	监理单位	
			（2）平行检验记录、平行检验报告	永久	监理单位	监理单位	
			（3）监理旁站记录，监理见证记录	永久	监理单位	监理单位	
			（4）强制性标准执行检查记录	永久	监理单位	监理单位	
			（5）监理专题会、工地例会会议纪要	30 年	监理单位	监理单位	
			（6）监理月报、简报	30 年	监理单位	监理单位	
			（7）监理日志	30 年	监理单位	监理单位	
			（8）施工阶段质量评估报告及专题报告	永久	监理单位	监理单位	
		04 统计汇总	（1）监理人员动态管理台账	永久	监理单位	监理单位	
			（2）见证取样台账	永久	监理单位	监理单位	
			（3）项目划分汇总表、单位工程汇总表	永久	监理单位	监理单位	
			（4）竣工文件（含竣工图）审核报告	永久	监理单位	监理单位	
			（5）监理工作总结、工程质量评估报告	永久	监理单位	监理单位	
862	设计监理	01 管理体系	（1）监理单位资质文件，质量管理体系、职业健康安全管理体系、环境管理体系认证证书	永久	监理单位	监理单位	
			（2）项目部成立及项目部印章启用文件、项目经理任命文件、项目部组织机构、项目部人员资质文件	永久	监理单位	监理单位	
			（3）公司法人代表对项目经理授权委托书、工程质量终身承诺书	永久	监理单位	监理单位	
		02 管理文件	（1）工程设计监理大纲、监理规划、监理实施细则	永久	监理单位	监理单位	
			（2）强制性标准执行计划及执行情况检查记录	永久	监理单位	监理单位	

续表

分类号	类目名	归档范围		保管期限	文件来源	归档单位	备注
		文件类别	主要归档文件				
862	设计监理	02 管理文件	（3）工程设计问题通知单及回复单，工作联系单	永久	监理单位	监理单位	
			（4）施工图设计成品确认单	永久	监理单位	监理单位	
			（5）设计变更、代用材料登记表	永久	监理单位	监理单位	
			（6）各阶段设计成果评估报告	永久	监理单位	监理单位	
			（7）竣工图审核报告，工作总结	永久	监理单位	监理单位	
863	设备监造	01 管理体系	（1）设备监造单位				
			1）监理单位资质文件，质量管理体系、职业健康安全管理体系、环境管理体系认证证书	30 年	监造单位	监造单位	
			2）项目部成立及项目部印章启用文件、项目经理任命文件、项目部组织机构、项目部人员资质文件	30 年	监造单位	监造单位	
			3）公司法人代表对项目经理授权委托书、工程质量终身承诺书	30 年	监造单位	监造单位	
			（2）设备制造单位	30 年	设备制造单位	监造单位	
			1）质量管理体系报审，分包单位资格报审	30 年	设备制造单位	监造单位	
			2）设备制造的计划、工艺方案、控制节点、检验计划报审，延长工期报审，开工、复工报审	30 年	设备制造单位	监造单位	
		02 监造管理	（1）监理大纲、监理规划、监理实施细则	永久	监造单位	监造单位	
			（2）计量器具检定证书	永久	监造单位	监造单位	
			（3）技术标准清单（动态）	永久	监造单位	监造单位	
			（4）强制性标准执行计划、检查记录	永久	监造单位	监造单位	
			（5）见证取样计划	30 年	监造单位	监造单位	
			（6）平行检验计划	30 年	监造单位	监造单位	
		03 监造记录	（1）原材料、外购件等质量证明文件报审，试验、见证取样检验记录及报告	永久	监造单位	监造单位	
			（2）关键工序、零部件制造安装旁站记录及平行检验记录	永久	监造单位	监造单位	

分类号	类目名	归档范围		保管期限	文件来源	归档单位	备注
		文件类别	主要归档文件				
863	设备监造	03 监造记录	（3）质量缺陷、事故处理、安全事故报告、索赔文件	永久	监造单位	监造单位	
			（4）开工令、暂停令、复工令	永久	监造单位	监造单位	
			（5）监造通知单、回复单、工作联系单，来往函件	永久	监造单位	监造单位	
			（6）监造例会、专题会会议纪要	永久	监造单位	监造单位	
			（7）监造日志、月报	永久	监造单位	监造单位	
			（8）设备出厂验收、交接文件	永久	监造单位	监造单位	
			（9）设备监造工作总结、专题报告	永久	监造单位	监造单位	
864	专项监理	01 环境保护监理文件	（1）监理单位资质文件、人员资质文件	永久	监理单位	监理单位	
			（2）环境保护监理工作大纲	永久	监理单位	监理单位	
			（3）现场巡查记录表	永久	监理单位	监理单位	
			（4）工作联系单	永久	监理单位	监理单位	
			（5）环境保护问题通知单及回复单	永久	监理单位	监理单位	
			（6）环境保护情况报告单	永久	监理单位	监理单位	
			（7）旁站记录、见证记录、平行检验记录	永久	监理单位	监理单位	
			（8）工程计量、支付审批、变更审查、索赔文件	永久	监理单位	监理单位	
			（9）工作日志、工作月报、会议纪要	永久	监理单位	监理单位	
			（10）环境保护监理总结报告	永久	监理单位	监理单位	
		02 水土保持监理文件	（1）水土保持监理单位资质文件、人员资质文件	永久	监理单位	监理单位	
			（2）水土保持监理工作大纲	永久	监理单位	监理单位	
			（3）现场巡查记录表	永久	监理单位	监理单位	
			（4）工作联系单	永久	监理单位	监理单位	
			（5）水土保持问题通知单及回复单	永久	监理单位	监理单位	
			（6）水土保持情况报告单	永久	监理单位	监理单位	
			（7）旁站记录、见证记录、平行检验记录	永久	监理单位	监理单位	
			（8）工程计量、支付审批、变更审查、索赔文件	永久	监理单位	监理单位	
			（9）工作日志、工作月报、会议纪要	永久	监理单位	监理单位	
			（10）水土保持监理总结报告	永久	监理单位	监理单位	

分类号	类目名	归档范围		保管期限	文件来源	归档单位	备注
		文件类别	主要归档文件				
864	专项监理	03 信息化监理文件	信息安全责任制度，信息安全控制程序，系统功能实施情况检查记录、工作联系单，信息化管理监理工作总结等	30 年	监理单位	监理单位	
869	其他						
87	竣工验收						
870	综合						
871	工程验收		（1）单位工程完工验收文件	永久	建设单位	建设单位	
			（2）风机预验收、终验收文件	永久	建设单位	建设单位	
			（3）工程启动验收文件	永久	建设单位	建设单位	
			（4）集电线路、送出线路竣工验收签证书	永久	建设单位	建设单位	
			（5）工程移交生产验收文件、工程质量保证（保修）书	永久	建设单位	建设单位	
			（6）工程遗留问题清单及尾工清单	30 年	建设单位	建设单位	
			（7）竣工文件（竣工图）移交签证及移交目录	永久	建设单位	建设单位	
			（8）电气"五防"功能检查及验收文件	30 年	电网公司	建设单位	
			（9）建设项目整体竣工验收文件	永久	建设单位	建设单位	
872	专项验收		（1）环境保护专项验收、意见，环境监测报告等	永久	建设单位、地方政府主管部门	建设单位	
			（2）消防专项验收文件、消防设备检测报告等	永久	建设单位、地方政府主管部门	建设单位	
			（3）安全设施竣工验收文件	永久	建设单位、地方政府主管部门	建设单位	
			（4）职业卫生专项验收文件	永久	建设单位、地方政府主管部门	建设单位	
			（5）劳动保障专项验收文件	永久	建设单位、地方政府主管部门	建设单位	

分类号	类目名	归档范围		保管期限	文件来源	归档单位	备注
		文件类别	主要归档文件				
872	专项验收		（6）水土保持专项验收文件、水土保持监测报告	永久	建设单位、地方政府主管部门	建设单位	
			（7）项目档案专项验收文件	永久	建设单位、上级主管部门	建设单位	
			（8）节能专项验收文件	永久	建设单位、地方政府主管部门		
			（9）网络信息安全评估及验收文件	永久	测评单位、地方政府主管部门	建设单位	
873	竣工决算与审计	01 工程结算	阶段性工程结算的工程签证单、工程确认单、工程结算书及审批文件	30 年	施工单位、监理单位、建设单位	建设单位	
		02 竣工决算	竣工决算报告及批复	永久	建设单位	建设单位	
		03 决算审计	竣工决算审计报告	30 年	会计事务所	建设单位	
874	达标与创优	01 达标考核	（1）达标投产机构成立，工程达标投产策划及实施细则	永久	考核单位	建设单位	
			（2）达标投产考核申请、汇报材料	永久	考核单位	建设单位	
			（3）达标投产考核报告、整改闭环文件	永久	考核单位	建设单位	
			（4）达标投产考核意见及证书	永久	考核单位	建设单位	
		02 工程创优	（1）创优机构成立、创优策划及规划、创优实施细则文件	30 年	创优办公室、监理单位、施工单位	建设单位	
			（2）创优咨询检查及点评意见、整改计划及验收记录	30 年	建设、施工、咨询单位	建设单位	
			（3）工程质量评价（地基基础、主体结构、绿色施工、新技术应用、工程档案等）	30 年	评价单位	建设、施工单位	
			（4）优质工程申报、核查、批准文件及证书	永久	评奖单位	建设单位	

分类号	类目名	归档范围 文件类别	归档范围 主要归档文件	保管期限	文件来源	归档单位	备注
875	工程后评估		工程后评估报告	30年	评估单位	生产运行单位	
879	其他						
88	竣工图						
880	综合		竣工图编制总说明、总目录	永久	设计单位	设计单位	或根据合同约定
881	风力发电机组工程		各专业竣工图	永久	设计单位	设计单位	或根据合同约定
882	中控楼及升压站建筑工程		各专业竣工图	永久	设计单位	设计单位	或根据合同约定
883	升压站电气设备安装工程		各专业竣工图	永久	设计单位	设计单位	或根据合同约定
884	场内集电线路工程		各专业竣工图	永久	设计单位	设计单位	或根据合同约定
885	送出工程		各专业竣工图	永久	设计单位	设计单位	或根据合同约定
886	交通工程		进场、场内道路、涵洞、桥梁等竣工图	永久	设计单位	设计单位	或根据合同约定
887	专项工程		环境保护、水土保持、安全设施、节能等专项设计竣工图	永久	设计单位	设计单位	或根据合同约定
887	专项工程		海上风电防台、防雷、防腐专项设计竣工图	永久	设计单位	设计单位	或根据合同约定
888	配套工程		供暖项目、储能项目各专业竣工图	永久	设计单位	设计单位	或根据合同约定
889	其他		生产辅助工程各专业竣工图	永久	设计单位	设计单位	或根据合同约定
9	设备仪器		包括但不限于以下文件				
90	综合		（1）设备开箱检验记录等	30年	建设单位或生产管理单位、物资代办单位	建设单位或生产管理单位、物资代办单位	按批次开箱的归入此类
90	综合		（2）设备总台账等	30年	建设单位或生产管理单位、物资代办单位	建设单位或生产管理单位、物资代办单位	

分类号	类目名	归档范围		保管期限	文件来源	归档单位	备注
		文件类别	主要归档文件				
91	风力发电机组						
910	综合	01 风机说明书及试验报告等	（1）风机出厂质量证明文件	30 年	设备厂家	设备厂家	
			（2）出厂检验和试验报告	30 年	设备厂家	设备厂家	
			（3）产品说明书	30 年	设备厂家	设备厂家	
			（4）安装、运行和维护手册	30 年	设备厂家	设备厂家	
			（5）故障手册	30 年	设备厂家	设备厂家	
			（6）安装系统图	30 年	设备厂家	设备厂家	
			（7）供货机型并网特性检测报告	30 年	设备厂家	设备厂家	
			（8）供货机型功率曲线测试报告	30 年	设备厂家	设备厂家	
		02 程序软件	（1）单机主控运行程序最终版本及上传下载说明	30 年	设备厂家	设备厂家	
			（2）监控系统安装维护手册	30 年	设备厂家	设备厂家	
			（3）变桨运行程序及上传下载说明	30 年	设备厂家	设备厂家	
			（4）变流器运行程序及上传下载说明	30 年	设备厂家	设备厂家	
			（5）主控系统、变流器、变桨系统调试软件使用说明书	30 年	设备厂家	设备厂家	
911	塔筒		（1）塔筒本体、法兰、基础环等设备出厂质量证明文件、装箱单、零部件清单、使用说明书、试验报告、图纸、技术文件	30 年	设备厂家	设备厂家	
			（2）爬梯、紧固件、电气件、油漆等出厂质量证明文件及防腐、防损检测报告	30 年	设备厂家	设备厂家	
			（3）风机塔筒内设备、组件、部件安装图纸及说明书	30 年	设备厂家	设备厂家	
912	叶轮和机舱		叶片、轮毂、发电机、齿轮箱、主轴、主轴承、变桨系统、偏航系统、变流器、主控系统等设备的装箱单、零部件清单、出厂合格证、出厂检验报告、接线图、原理图、试验报告、调试报告、质量证明、计算书、安装说明书、使用说明书等出厂证明文件	30 年	设备厂家	设备厂家	

分类号	类目名	归档范围		保管期限	文件来源	归档单位	备注
		文件类别	主要归档文件				
913	箱式变压器		箱式变压器设备出厂质量证明、使用说明书、试验报告、图纸、技术文件等	30年	设备厂家	设备厂家	
914	监控系统		风机场区网络安全监测设备	30年	设备厂家	设备厂家	
919	其他						
92	升压站设备						
920	综合						
921	一次设备		主变压器、厂用变压器、高低压断路器、高低压隔离开关、高低压互感器、组合电器、无功补偿等设备文件,包括出厂证明、使用说明书、试验报告、图纸、技术文件等	30年	设备厂家	设备厂家	
922	二次设备		综合自动化、二次系统、集电线路二次部分、送出线路二次部分设备(含接入系统)等设备文件,包括出厂证明、使用说明书、试验报告、图纸、技术文件、质保书、试验报告、线材检验报告等	30年	设备厂家	设备厂家	
923	通信及远动设备		程控交换机、调度交换机、通信电源等设备的出厂质量证明、使用说明书、试验报告、图纸、技术文件等	30年	设备厂家	设备厂家	
			网络计算机监控系统、安稳控制、电缆电流、温度等监测设备出厂质量证明、使用说明书、试验报告、图纸、技术文件等,电量计费系统、功率因数角测量系统等出厂质量证明、使用说明书、试验报告、图纸、技术文件等	30年	设备厂家	设备厂家	
			海上风电海底监测设备出厂质量证明、使用说明书、试验报告、图纸、技术文件等	30年	设备厂家	设备厂家	
924	直流系统及继电保护		直流充电柜、直流蓄电池、保护柜等设备出厂质量证明、使用说明书、试验报告、图纸、技术文件等	30年	设备厂家	设备厂家	
929	其他						
93	线路设备						

续表

分类号	类目名	归档范围		保管期限	文件来源	归档单位	备注
		文件类别	主要归档文件				
930	综合						
931	集电线路		（1）塔材出厂合格证、试验报告、图纸	30年	设备厂家	设备厂家	
			（2）杆上电气设备出厂合格证、试验报告、说明书、图纸	30年	设备厂家	设备厂家	
932	送出线路		（1）塔材出厂合格证、试验报告、图纸	30年	设备厂家	设备厂家	
			（2）杆上电气设备出厂合格证、试验报告、说明书、图纸	30年	设备厂家	设备厂家	
939	其他						
94	生产辅助系统设备						
940	综合						
941	给排水设备		给排水设备、消防水、污水设备、污水处理装置等出厂质量证明、使用说明书、试验报告、图纸、技术文件等	30年	设备厂家	设备厂家	
942	采暖通风设备		采暖、通风设备等出厂质量证明、使用说明书、试验报告、图纸、技术文件等	30年	设备厂家	设备厂家	
943	消防安防设备		报警装置、安防设备等出厂质量证明、使用说明书、试验报告、图纸、技术文件等	30年	设备厂家	设备厂家	
944	特种设备		电梯、起重、吊装设备等出厂质量证明、使用说明书、试验报告、图纸、技术文件，年检证书及检测报告	30年	设备厂家	设备厂家	
945	海工设备		（1）直升机出厂质量证明文件、飞行手册，直升机海上平台运行手册，机器人出厂质量证明文件、操作手册等	30年	设备厂家	设备厂家	
			（2）救生舱出厂质量证明文件、使用说明书、试验报告、图纸、技术文件等	30年	设备厂家	设备厂家	
			（3）海上风电维护船舶出厂质量证明文件、使用说明书、试验报告、图纸、技术文件等	30年	设备厂家	设备厂家	

续表

分类号	类目名	归档范围		保管期限	文件来源	归档单位	备注
		文件类别	主要归档文件				
946	试验用仪器仪表及专用工具		测试仪器仪表、高低压电器设备专用工具等出厂质量证明、使用说明书、试验报告、图纸、技术文件等	30年	设备厂家	设备厂家	
949	其他		办公设备设施等出厂质量证明文件、检测报告、试验报告、说明书、图纸、技术文件等	30年	设备厂家	设备厂家	
95	配套工程设备						
950	综合						
951	供热站设备		供热站循环水泵、给水泵、电动机等设备出厂质量证明、使用说明书、试验报告、图纸、技术文件等	30年	设备厂家	设备厂家	适用于供暖项目
952	储能设备		储能设备出厂质量证明、使用说明书、试验报告、图纸、技术文件等	30年	设备厂家	设备厂家	适用于储能项目
959	其他						

附 录 C
（资料性）
档案整理表式

案卷封面见图 C.1。

单位为毫米

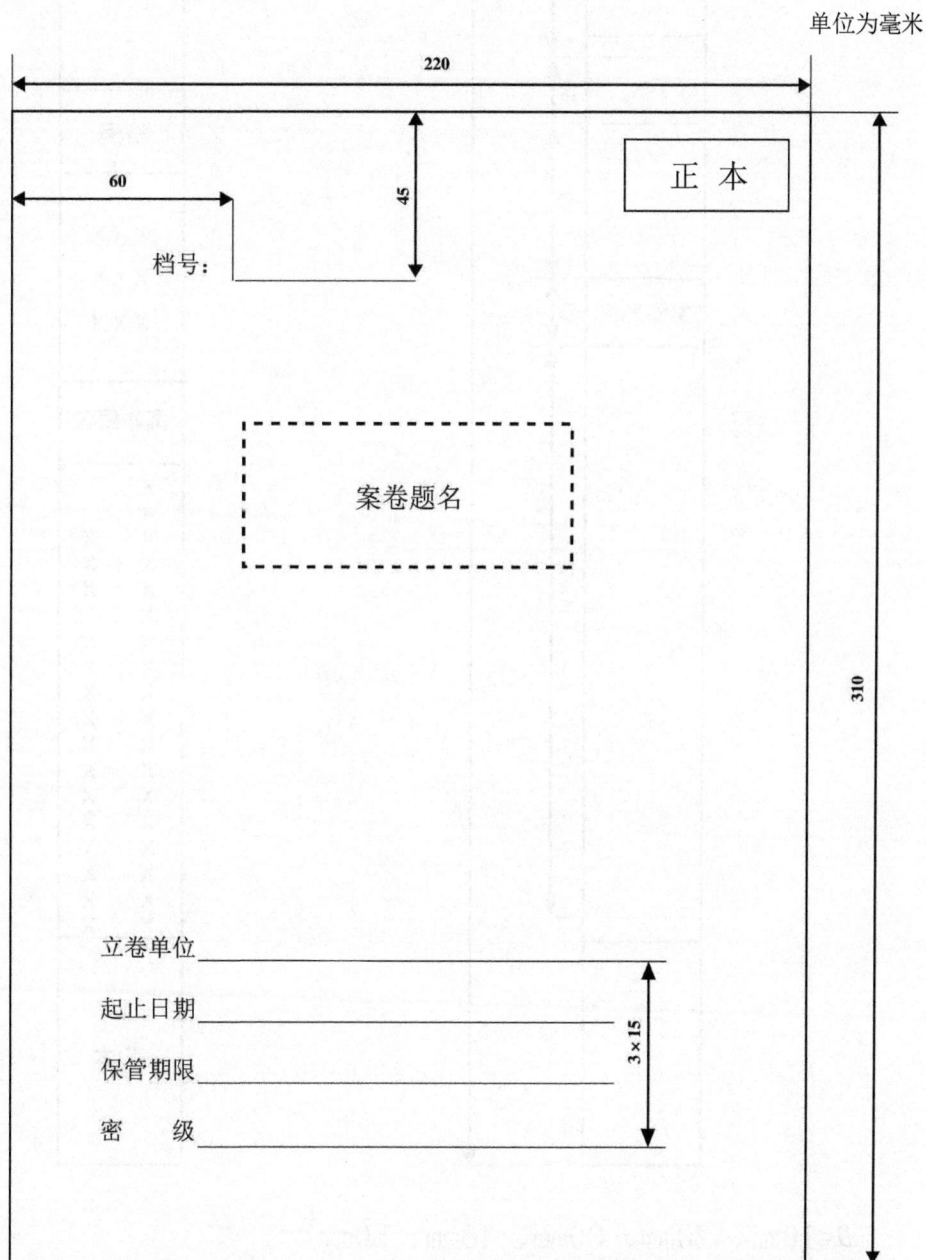

图 C.1　案卷封面格式

案卷脊背见图 C.2。

单位为毫米

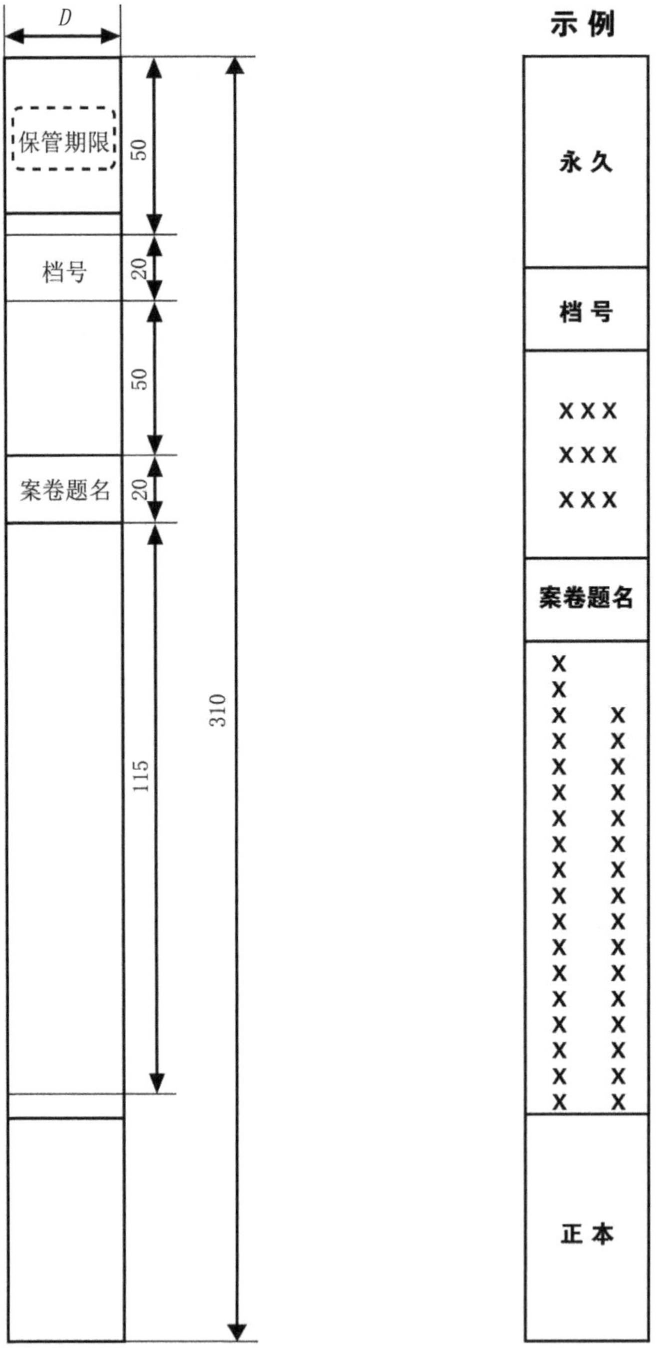

示 例

D=10mm、20mm、30mm、40mm、50mm

图 C.2 案卷脊背格式

卷内目录见图 C.3。

单位为毫米

序号	档号 文件编号	责任者	文件题名	日期	页数	备注
			卷内目录			

图 C.3 卷内目录格式

卷内备考表见图 C.4。

单位为毫米

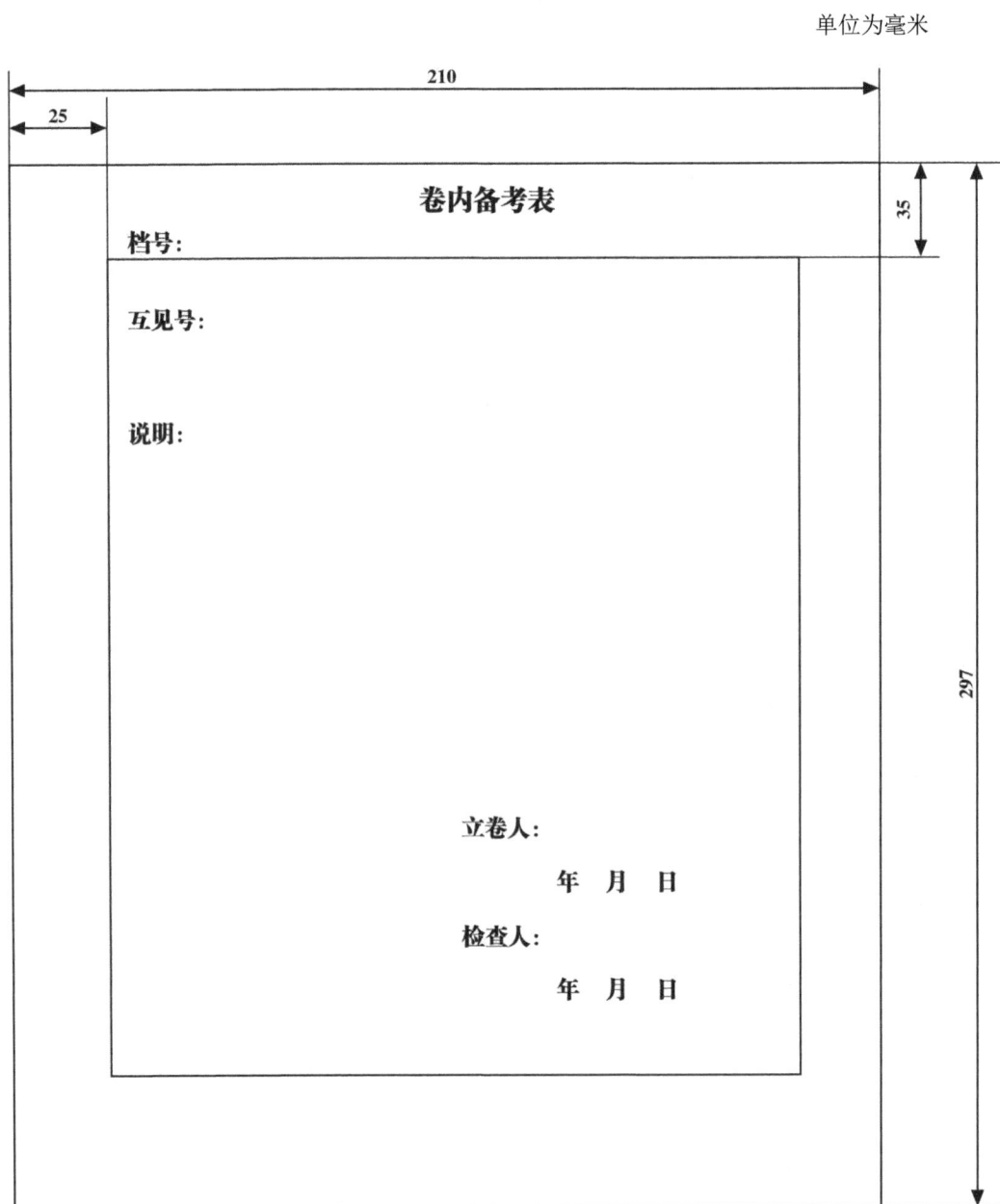

注：立卷人、检查人及时间应手签。

图 C.4　卷内备考表格式

案卷目录见图 C.5。

单位为毫米

序号	档号	案卷题名	总页数	保管期限	备注

案卷目录

图 C.5　案卷目录格式

册内照片说明见图 C.6。

册内照片说明

本册照片主题内容：

本册照片形成单位：

本册照片主要内容说明：

注：具体尺寸请参考图 C.4。

图 C.6 册内照片说明

册内照片目录见表 C.1。

表 C.1　册内照片目录

照片号	题名	时间	页号	底片号	备注

册内照片备考表见表 C.2。

表 C.2　册内照片备考表

档　　号：

互见号：

本册情况说明：

立 册 人：

检 查 人：

立册时间：

注：具体尺寸请参考图 C.4。

照片册脊背格式见图 C.7。

单位为毫米

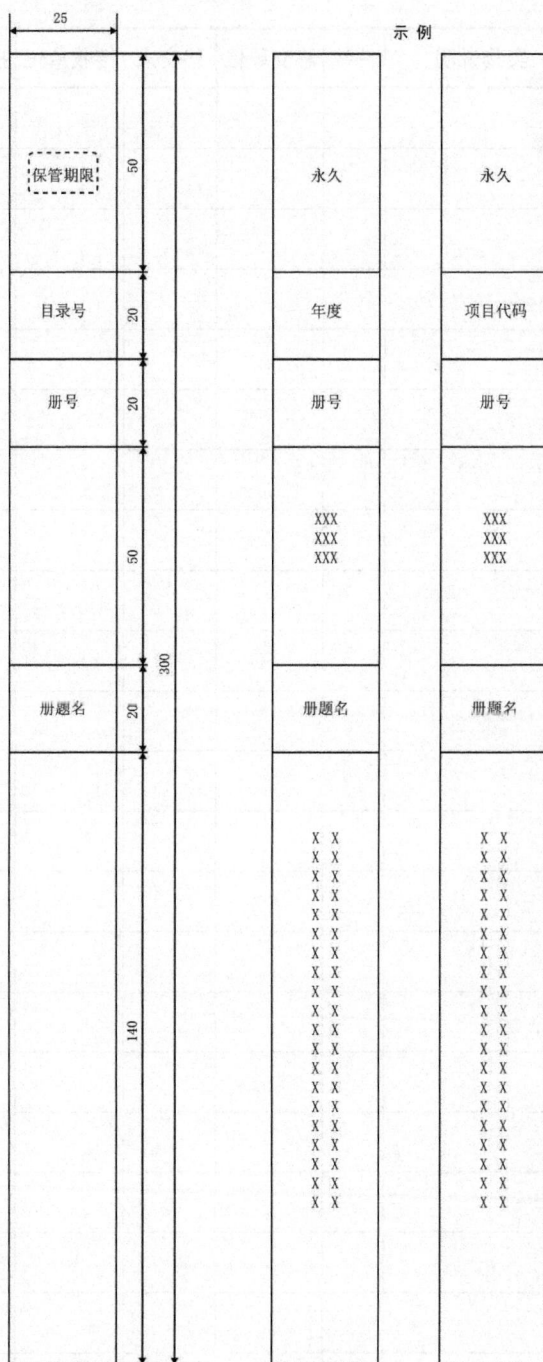

注：具体尺寸请参考图 C.2。

图 C.7　照片册脊背格式

实物档案移交目录见表 C.3。

表 C.3　实物档案移交目录

序号	实物类型	责任者	实物说明	件数	移交单位	移交人	接收单位	接收人	移交日期	备注

实物档案目录见表 C.4。

表 C.4　实物档案目录

档号	实物题名	发送单位	获得单位	日期	备注

注：具体尺寸请参考图 C.5。

科技文件交接登记表见表 C.5。

表 C.5　科技文件交接登记表

第　页/共　页

序号	文件编号	责任者	文件题名	日期	页数	备注
移交部门：		移交人：		审核人：		
接收部门：		接收人：		交接时间：		

风电项目档案交接签证表见图 C.8。

风电项目档案交接签证表

项目（工程）名称：..

移 交 单 位（章）：..

接 收 单 位（章）：_____

交 接 日 期：.............. 年 .... 月 .... 日

图 C.8　风电项目档案交接签证表式（第 1 页/共 3 页）

承包项目名 称						
合同号						
档案数量	文字材料		实物档案		照片声像	
	竣工图纸		电子文件			

档案归档说明：（案卷移交目录附后）

图 C.8　（续）（第 2 页/共 3 页）

施工单位 自检意见	档案人员： 技术负责人： 　　　　年　　月　　日
总承包单位 自检（或检查） 意见	档案人员： 技术负责人： 　　　　年　　月　　日
监理单位 审核意见	档案人员： 项目总监： 　　　　年　　月　　日
建设单位 验收意见	工程部负责人： 档案负责人： 项目负责人： 　　　　年　　月　　日

注 1：此表式为参考表式，如与现场实际情况不一致时，可以微调。

注 2：监理单位办理档案移交时，应将表中的施工单位、总承包单位所属表格删除。

图 C.8　（续）（第 3 页/共 3 页）

案卷移交目录见表 C.6。

表 C.6　案卷移交目录

第　　页 / 共　　页

序号	档号	案卷题名	立卷单位	保管期限	页数	备注

归档电子文件移交、接收检验登记表见表 C.7。

表 C.7　归档电子文件移交、接收检验登记表

检验项目	单位名称	
	移交单位	接收单位
载体外观检验		
病毒检验		
真实性检验		
可靠性检验		
完整性检验		
可用性检验		
技术方法与相关软件说明 登记表、软件、说明 资料检验		
填表人（签名）	年　月　日	年　月　日
审核人（签名）	年　月　日	年　月　日
单位（印章）	年　月　日	年　月　日

表 C.7 　（续）

电子文件登记表

文件特征	形成部门/单位		文件题名	
	完成日期		载体类型	光　　盘□ 固态硬盘□
	载体编号			
	电　话		联系人	
文件记录特征	文件载体	光盘□或固态硬盘□存档数量： 光盘□或固态硬盘□备份数： （电子文件归档时应附有光盘或固态硬盘归档说明：每份光盘或固态硬盘对应的案卷目录）		
文件保管期限	保存年限：　　　　年 保存日期：　　年　　月　　日至　　　年　　月　　日			
制表审核	移交人（签名） 　　　　　　　　　　　　　　　　　　　　年　　　月　　　日			
	接收人（签名） 　　　　　　　　　　　　　　　　　　　　年　　　月　　　日			
备注				

附 录 D

（资料性）

风力发电企业工程照片归档范围

工程照片归档范围见表 D.1，不限于表内所列内容，可根据需要增删。

表 D.1 风力发电企业工程照片归档范围

序号	类目名称	归档范围	照片要求	照片张数（每项）	形成单位	备注
1	可行性研究阶段	原貌、选址	主要地貌及周围环境	1～2	设计单位	
			送出线路部分通道原貌	1～2	设计单位	
2	项目前期阶段	开工等	开工典礼、奠基仪式、各种评审会议等	1～2	建设单位	
3	项目建设阶段	重大活动	首台风机沉桩及安装	1～2	建设单位	多用于海上风电
			海上升压站导管架就位	1～2	建设单位	多用于海上风电
			海陆敷设、联调	1～2	建设单位	多用于海上风电
			倒送电	1～2	建设单位	
			风机并网等重大活动形成的照片	1～2	建设单位	
		质量监督	按监检阶段，反映监检过程及质量特色	1～2	建设单位	
4	施工阶段					
4.1	桩基工程、风力发电机组基础土建、安装工程	基础验槽	典型基槽地质状况、清槽后全貌	2	施工单位	标明机组号
		锚栓笼安装、调平	整体观感、细部工艺、成品保护	2	施工单位	标明机组号
		钢筋绑扎	整体观感、细部工艺、成品保护	2	施工单位	标明机组号
		基础浇筑	拆模后混凝土表面观感质量	2	施工单位	标明机组号
		接地装置	埋深、搭接长度及防腐等局部	2	施工单位	标明机组号
		塔架塔筒安装	整体观感、细部工艺、成品保护	2	施工单位	标明机组号
		机舱吊装、机舱轮毂组合	整体观感、细部工艺、成品保护	2	施工单位	标明机组号

续表

序号	类目名称	归档范围	照片要求	照片张数（每项）	形成单位	备注
4.1	桩基工程、风力发电机组基础土建、安装工程	叶片吊装	整体观感、细部工艺、成品保护	2	施工单位	标明机组号
		风力发电机监控系统安装	整体观感、细部工艺、成品保护	2	施工单位	标明机组号
		电缆敷设、电缆接线、导线连接	敷设、接线工艺	2	施工单位	标明机组号
4.2	箱式变压器土建、安装工程	地基验槽	典型基槽地质状况、清槽后全貌	2	施工单位	
		基础浇筑	拆模后混凝土表面观感质量	2	施工单位	
		接地、防腐	埋深、搭接长度及防腐等局部	3	施工单位	室外接地具有代表性1张、室内2张
		箱式变压器安装	外观完好、无损伤、整体观感、成品保护	2	施工单位	
		防火封堵	细部工艺	2	施工单位	
		设备接地引线	整体观感、细部工艺	2	施工单位	
		隐蔽工程	电缆敷设	2	施工单位	
4.3	中控楼和升压站建筑工程	房屋建筑工程地基验槽	基槽地质状况、清槽后全貌	2	施工单位	标明房屋建筑名称
		房屋建筑工程浇筑	拆模后混凝土表面观感质量	2	施工单位	标明房屋建筑名称
		接地装置、接地极施工	埋深、搭接长度及防腐等局部	2	施工单位	
		海上升压站下料	整体观感、细部工艺	2	施工单位	多用于海上风电
		上部模块组装	整体观感、细部工艺	2	施工单位	多用于海上风电
		上部模块就位	整体观感、细部工艺	2	施工单位	多用于海上风电
		导管架安装	整体观感、细部工艺	2	施工单位	多用于海上风电
		海上主体工程沉桩	整体观感、细部工艺	2	施工单位	多用于海上风电
4.4	升压站设备电气安装调试工程	设备基础工程	验槽、钢筋绑扎、混凝土浇筑、拆模	2	施工单位	标明设备名称
		主要设备安装、母线安装	整体观感、细部工艺	2	施工单位	标明设备名称

序号	类目名称	归档范围	照片要求	照片张数（每项）	形成单位	备注
4.4	升压站设备电气安装调试工程	设备接地引线	整体观感	2	施工单位	
		电缆（敷设、穿管）	整体观感、细部工艺	2	施工单位	
		防火封堵	细部工艺	2	施工单位	
		二次接线	整体观感、细部工艺	2	施工单位	
		屏柜安装	整体观感、细部工艺	2	施工单位	
		隐蔽工程安装施工	接地，电缆敷设等隐蔽工程及特殊试验	2	施工单位	标明隐蔽部位
4.5	场内电力线路工程	地基验槽	基槽地质状况、清槽后全貌	2	施工单位	标明杆塔号
		基础浇筑	拆模后混凝土表面观感质量	2	施工单位	标明机组号
		杆塔/铁塔组立	典型塔型、成品保护	2	施工单位	标明杆塔号
		接地装置	埋深、搭接长度及防腐等局部	2	施工单位	标明杆塔号
		导线压接及光缆接续	压接、接续	2	施工单位	标明杆塔号
		电缆敷设	整体观感、细部工艺	2	施工单位	
		海缆敷设	整体观感、细部工艺	2	施工单位	
4.6	送出工程	地基验槽	基槽地质状况、清槽后全貌	2	施工单位	标明杆塔号
		基础浇筑	拆模后混凝土表面观感质量	2	施工单位	标明机组号
		杆塔/铁塔组立	典型塔型、成品保护	2	施工单位	标明杆塔号
		接地装置	埋深、搭接长度及防腐等局部	2	施工单位	标明杆塔号
		导线压接及光缆接续	压接、接续	2	施工单位	标明杆塔号
		电缆敷设	整体观感、细部工艺	2	施工单位	
		海缆敷设	整体观感、细部工艺	2	施工单位	
		线路设施	站内及主设施典型照片	2	施工单位	
4.7	道路工程	路基、路面、排水沟、涵洞等	典型照片	1~2	施工单位	

续表

序号	类目名称	归档范围	照片要求	照片张数（每项）	形成单位	备注
4.8	其他工程	其他	绿化、环境保护、水土保持等典型照片	1~2	施工单位	若有需要形成
5	调试试验阶段	调试试验	典型照片	1~2	调试单位	
6	启动验收阶段	投运前验收	质监站、电网公司并网验收检查等场景、现场检查	1~2	建设单位	
		环境保护、水土保持、消防、档案等专项验收	会场全景、现场检查	5~6	建设单位	每项专项验收各1张
		工程竣工验收	会场全景、现场检查、项目竣工全景	1~2	建设单位	
		质量问题及事故调查	反映设备、质量问题及事故调查照片	2~3	建设单位	
		达标投产、质量评价、优质工程等	会场全景、奖牌、证书或批文等	3~5	建设单位	每项活动各1张
7	监理					
7.1	施工监理	重要工程协调会、图纸会检	表现会议主题全景照片	1~2	监理单位	
		试品、试件取样	表现操作人员、见证人员及取样过程等	1~2	监理单位	
		主要设备到货检验	对主要设备的开箱检查等过程	1~2	监理单位	
		地基验槽检查	依设计要求进行验槽，表现验收人员的检查过程	1~2	监理单位	
		钢筋工程检查	普通基础、桩基及大跨越钢筋检查，表现监理人员验收过程	1~2	监理单位	
		基础拆模检查	基础拆模，表现监理人员检查拆模后外观	1~2	监理单位	
		防水工程检查	屋面等防水层成品检查	1~2	监理单位	
		接地装置检查	反映监理人员检查过程	1~2	监理单位	
		母线压接及焊接检查	压接和焊接，表现过程控制等要素	1~2	监理单位	

续表

序号	类目名称	归档范围	照片要求	照片张数（每项）	形成单位	备注
7.1	施工监理	安全检查	现场工程检查（土建、安装、调试）	1～2	监理单位	
		质量、安全控制	质量问题及事故调查	5～6	监理单位	有问题设备的整体照片 1 张,问题部位特写 2 张;问题及事故调查的起因、会议、过程、结果等照片 2～3 张
		各类专题会议	表现会议主题全景，表现检查及测量过程	若干	监理单位	每个主要项目的关键节点各 1 张
7.2	设计监理	设计及设计变更讨论会、图纸会检	会议主题全景照片	若干	监理单位	

参 考 文 献

［1］GB/T 18894—2016 电子文件归档与电子档案管理规范

［2］DA/T 89—2022 实物档案数字化规范

261